# 두 번째 프러포즈

# 두 번째 프러포즈

유병숙 수필집

한국산문

## 작가의 말

고비마다 스승님들의 주옥같은 가르침이 있었다.
햇빛 바라기를 하는 듯 내내 따스했다.
말의 화학 작용은 실로 어마어마했다.
스승의 복을 쓰지 않고는 보답할 길이 없었다.
글 작업은 위로이자 안부였다.

회복세를 타던 남편이 급격하게 쇠약한 기색을 보이자, 사는 게 처음으로 무서워졌다.
그때 임헌영 선생님께서 "수필가답게 생각하고, 견뎌내라."고 하셨다.
순간 정신이 번쩍 들었다.
그 말씀은 인생의 나침반이 되었다.

먼 훗날 '그때는 그랬지!' 웃으며 돌아볼 날이 올까? 써두었던 글을 읽다 울컥했다.
내 곁에 내려앉은 '먼 훗날'이 꿈결 같았다.
삶은 어쩌면 하나의 이야기일지도 모른다는 생각이 들었다.

돌아보면 고맙지 않은 날이 없었다.
시린 어깨를 토닥여주고, 손잡아 준 문우들과 친지들의 격려가 없었다면 여기까지 오지 못했으리라.
'괜찮다, 다 괜찮아질 거야. 걱정하지 마.' 하던 어머니의 주문은 매 순간 나를 일으켰다.
동생들은 월요일마다 따뜻한 밥상을 차려놓고 나를 기다렸다.
어린 손주들의 웃음은 내일의 걱정을 잊게 해주었다.
적지 않은 세월을 살면서 '사람은 사람을 쬐어야 한다'는 말을 실감하게 되었다.

김남조 시인은 시 「겨울 바다」에서 "나를 가르치는 건/ 언제나/ 시간…"이라고 했다.
책을 엮으며 내가 그동안 얼마나 동동거렸는지 알게 되었다.
글쓰기는 나를 들여다보는 시간에 다름 아니었다.
돌아보니, 시간이 내 편이었던 적은 한 번도 없었다.

아마 앞으로도 그러하리라.
그래도 쓸 수 있어 행복하다.

오늘도 어김없이 해가 뜨고 별은 빛나리라.
변함없는 일상에서 멈추지 않는 꿈을 꾸고 있는 나날에 감사한다.

'날마다 새봄!' 문구를 읽으며 그이가 해맑게 웃는다.
"그래, 오늘처럼만 삽시다."

2025년 여름
북한산 글방에서
유병숙

목차

작가의 말　5

### 1장　두 번째 프러포즈

| | |
|---|---|
| 두 번째 프러포즈 | 16 |
| 도미머리찜 | 21 |
| 당신 목소리, 참 듣기 좋아! | 26 |
| 진짜 나? 진짜 너? | 31 |
| 박수 | 36 |
| 도다리쑥국 | 40 |
| 아! 바다 | 45 |
| 소중한 No | 50 |
| 남편은 요리 중 | 55 |

## 2장 햇살의 줄탁

소나무 부자 … 62

녹보수에 꽃이 피면 … 67

엄마의 웃음 … 75

노랑 우산 … 79

우렁낭군 … 84

봉우리마다 희망! … 90

그네 타기 … 95

햇살의 줄탁 … 100

3 장  **나의 내비게이션**

| | |
|---|---|
| 내가 복이 많아요 | 108 |
| 소나기 | 114 |
| 비움 | 119 |
| No problem | 125 |
| 한여름 밤의 떼창 | 130 |
| 글의 힘 | 134 |
| 美쳤다고? | 142 |
| 나의 내비게이션 | 147 |
| 손맛 | 152 |
| 말 한마디 | 157 |

## 4장 아름다움을 본 죄

햇살 … 164
나마스테 … 169
귀천하기에 좋은 날 … 174
삶이 그대를 속일지라도 … 180
나를 버리지 마옵소서 … 185
나 좀 내려주세요 … 191
인생이란 언제나 뜻대로 되지는 않는다 … 197
태초의 목소리 … 202
집이 움직이기 시작했다 … 210
아름다움을 본 죄 … 216

5장 ## 봄날은 간다

엄마의 엄마 226
즐거운 나의 집 231
관세음보살 236
함께여서 참 좋았다 243
봄날은 간다 249
그냥 살아요 254
다시 시작이다 259

작품 해설

3대에 걸친 가족사의 파노라마
- 임헌영(문학평론가) 264

# 1장
# 두 번째 프러포즈

두 번째 프러포즈

도미머리찜

당신 목소리, 참 듣기 좋아!

진짜 나? 진짜 너?

박수

도다리쑥국

아! 바다

소중한 No

남편은 요리 중

## 두 번째 프러포즈

"당신을 스카웃하고 싶어. 짧으면 30년, 길면 50년." 남자가 말했다.

나는 난생처음 대하는 밀어를 알아듣고 말았다. 그는 지금 모습 그대로의 나를 사랑한다고 했다. 시간이 물처럼 흘러갔다. 핑크빛 구름 위로 붕 뜨게 했던 말에도 세월의 먼지가 내려앉았다. 인생 최대의 위기를 맞이한 날, 나는 뜬금없이 그이의 프러포즈를 생생하게 떠올리고 있었다.

"암입니다."

의사의 판정이 떨어졌다. 순간 남편이 나를 돌아보며 피식 웃었다. 예상과 다른 결과지를 받아 든 그는 난감한 마음을 웃음으로 감추었다.

"오늘부터 암 환자로 등록되니, 수속을 밟아…."

의사의 말이 송곳처럼 귓속을 파고들었다.

오래전 시어머니와 시누이도 위암 수술을 했다. 왜 그이마저! 무슨 음식이든 잘 먹고 여간해서 탈이 나지 않던, 다른 건 몰라도 위장 하나는 튼튼하게 타고났다고 큰소리치던 그이였다.

"괜찮아, 위암은 완치 확률이 높다잖아. 수술하면 어머니처럼 괜찮아지겠지. 걱정 말아."

오히려 그이가 나를 다독였다.

1기로 예상했던 의사의 진단이 정밀 검사 후 3기로 바뀌었다. 남편은 임상시험 대상자에 선정되었다. 먼저 암의 크기부터 줄인 후 수술하잔다. 항암치료를 받아야 한다는 말에 망연자실했다. 예! 예! 하면서 의사의 지시를 숙지하고 있는 그이를 바라보았다. 무섭기는 매한가지일 텐데…. 태연자약한 모습이 측은했다.

불쑥 남편의 프러포즈가 떠올랐다. '짧으면 30년, 길면 50년'이라 했겠다. 말이 씨가 된다고 했다. 주술처럼 자꾸만 되뇌어졌다. 올해가 결혼 몇 주년이지? 더듬더듬 햇수를 헤아렸다. 딸애

나이보다 한 해 먼저였으니, 한데 딸이 몇 살이더라? 남편은 왜 그러냐며 갈팡질팡하는 나를 물끄러미 바라보았다.

남편과 나는 나이 차가 많이 난다. 지난 세월 살아내느라 잊고 있었는데 갑자기 정신이 번쩍 들었다. 작년 결혼기념일 축하 케이크 위에 얹어졌던 촛불 숫자가 간신히 생각났다. 너무 많아 몇 개 빼자고 호들갑 떨던 게 어렴풋했다. 약속은 '짧으면'을 넘어 '길면'으로 빠르게 행진 중이었다.

프러포즈 받을 당시 나는 톡 부러지게 숫자를 제시하는 남자에게 매혹되었다. 재치로 미루어 보건대 같이 살면 재미나겠다 싶었다. 예상은 빗나가기 일쑤였지만 설렘은 유효했다. 30주년이 되었을 때 벌써? 하고 놀랐지만 '짧으면'을 무사히 지나왔다는 안도감이 들었다.

금혼식까지는 아직 시간이 남아 있다. 지푸라기라도 잡는 심정으로 숫자에 매달려보았다. 믿음직했던 말들이 되살아났다. 허언할 사람은 아니지 않은가? 나는 자리를 툴툴 털고 일어났다.

시어머니와 암 병원에 다니던 때가 떠올랐다. 어머니는 말기 암이었지만 수술 후 다행히 전이 소견이 없었다. 어머니 손을 잡고 5년 동안 병원을 드나들었다. 어디서 힘이 났는지 나들이 가듯 들뜨곤 하셨다. 의사가 "어머니 오셨어요? 지난번에 뭐 드시고 오라 했지요? 숙제하셨어요?" 하면 볼이 발그레해지곤 했다. 그런 날이면 남편과 합세하여 맛집 순례에 나섰던 기억이 새롭다. 그때도 그랬듯이 이 난관도 무사히 헤쳐 나갈 수 있으리라.

'왜 암이 왔을까? 누구 때문에? 무엇 때문에?'라는 생각으로 감정을 낭비하지 말아. 바람이 불듯 그냥 온 거야, 아무 이유 없이.' '보호자의 덕목은 포기하지 않는 것, 힘내!' 친구들이 메시지를 보내왔다. 그래, 용기 내어 끝까지 버텨볼 요량이다. 나는 이미 양가 부모님 네 분을 간병한 바 있지 않은가.

남편의 병세를 살피느라 내 눈이 곤두섰다. 항암제로 인해 얼굴색이 나날이 검어졌다. 홀쭉해진 얼굴에는 주름이 자글자글 피어났다. 이렇게 가까이에서 자세히 바라본 게 얼마 만인가?

화장품을 남편 얼굴에 발라주고 영양 팩을 덮어 주었다. 남편이 도리질을 했다. 내가 좋아하는 얼굴이니 성심껏 관리하여 원상복구 해 놓으라고 지청구를 해댔다. 바를 때마다 난색을 보였던 그는 이젠 스스로 알아서 화장품을 바른다. 좀 좋아졌나? 하며 볼을 한껏 부풀리고 거울을 들여다본다.

항암치료 중 그는 음식을 토하기 일쑤였다. 힘든 기색이 역력한데도 불안, 원망 등 환자가 겪는 감정을 밖으로 드러내지 않았다. 하지만 그이의 입술은 한없이 하향곡선을 그리고 있었다.

하루에 한 번이라도 입꼬리를 올려주자고 마음먹었다. 내 말을 따라 해 봐! 하고 말을 건넸다. 응? 하고 그이가 바라보았다. 나는, 당신을, 사랑한다! 그이는 에이, 하며 고개를 돌렸다. 그의 눈을 들여다보며 다시 반복했다. 그는 어쩔 수 없다는 듯 피식 웃으며 또박또박 따라 한다. 그이의 환한 웃음에 내가 더 위로를 받는다. 문득 옛 시절로 돌아가 나도 그대를 사랑하고 있었다고 간절하게 화답하고 싶다.

그런데 왜 그이는 '길면 50년'이라고 했을까? 남들처럼 두루뭉술하게 백년해로 하자고 했으면 새삼 숫자놀음으로 애태우진 않았을 것 아닌가. 백 세 시대가 이렇게 빠르게 다가올 줄 그때는 미처 몰랐으리라. 욕심 같아선 '길면'을 수정하라고 떼라도 쓰고 싶다. 60년, 70년? 아니 그 이상으로 늘려 놓으라고, 두 번째 프러포즈를 조르고 싶은 심정 간절하다. 지금까지도 그러했지만, 그이는 내 맘을 졸이게 하는데 선수임이 분명하다.

# 도미머리찜

나, 먹고 싶은 게 생각났어! 남편의 말에 내 귀가 당나귀 귀만큼 커진다. 간장에 까무잡잡하게 조린 쫀득쫀득한 도미머리찜 있지? 남편의 눈이 기대로 반짝였다. 짭조름한 음식을 먹으면 울렁거리는 속이 좀 가라앉을 것 같단다. 생전에 시어머니께서 솜씨를 발휘했던 그 별미가 눈앞에 그려졌다.

위암이 발병한 남편은 수술에 앞서 항암치료 중이다. 밥 먹자고 하면 푹, 한숨부터 내쉰다. 마치 뱃멀미하는 사람을 뱃전에 앉혀놓고 억지로 먹으라는 것 같단다. 의사는 무조건 잘 먹어야 한다고, 백혈구 수치를 유지해야 치료를 지속할 수 있다며 신신

당부했다. 특히 탄수화물과 단백질 섭취가 중요했다. 하지만 억지로 먹을라치면 구토하기 일쑤였다. 그렇게 음식과 사투를 벌이고 나면 몸무게가 푹 줄어들었다. 지옥 같아. 남편이 말했다. 정말로 산해진미가 옆에 있어도 먹지 못하는 지옥이 따로 없었다.

잘 먹던 음식도 그이가 입덧하듯 못 먹겠다고 물리면 나도 덩달아 입맛이 달아났다. 모처럼 먹고 싶은 음식이 생겼다는 게 대견하고 고마웠다. 남편의 말이 떨어지기 무섭게 문을 박차고 나섰다.

호기롭게 집을 나서긴 했지만 어디 가서 도미머리를 구한다? 시댁에서 시어머니 어깨 너머로 처음 보았던 요리였다. 시집오기 전엔 도미머리찜이라는 음식이 있는 줄도 몰랐다. 몸통도 아니고 뼈만 잔뜩 있는 도미머리로 찜을 한다니? 한데 한 점 먹어보고는 어두육미 魚頭肉尾라는 말이 왜 생겼는지 알 수 있었다.

시아버지는 생선요리, 그중에서도 도미머리찜을 특히 좋아하셨다. 무를 도톰하게 썰어 냄비에 깔고 그 위에 도미 머리를 얹고 양념간장을 끼얹어 짭조름하게 조려내었다. 도미 볼살에 양념이 잘 배어들고, 쫀득쫀득한 맛을 내는 게 관건이었다. 이 요리는 손가락을 동원해 뼈를 발라 먹어야 하는 불편함을 기꺼이 감수하게 한다. 다 먹고 남은 조림간장에 밥 한 숟가락 넣고 비

벼 먹으면 그 맛 또한 기가 막혔다.

  50여 년 전, 병석에 누운 시아버지가 도미머리찜을 들먹이셨다. 도미는 지금도 그렇지만 그때는 더 고가의 어물이었다. 광산 사업 실패로 집에는 돈 한 푼 없었다. 그런 실상을 아는지 모르는지 보채기까지 하셨다. 어머니는 장롱 속에 고이 간직했던 당신의 비단 저고리를 보자기에 싸 품에 안고 효자동 시장으로 달려갔다. 건강과 마음을 상한 지아비를 무슨 일이 있어도 다시 일으키고 싶은 심정이었으리라. 철없는(?) 환자를 탓할 마음은 눈곱만큼도 없었다. 그 걸음이 결코 가볍지 않았음을 이제야 읽는다.

  새벽바람에 달려온 어머니를 보고 생선가게 아주머니는 혀를 끌끌 찼다. 생선전에는 도미를 비롯한 귀한 어물들이 즐비했다. 큰 시장이 가까이 있었지만, 이곳 어물이 싱싱하기론 단연 으뜸이어서 어려운 살림에도 아버지의 말이 떨어지자마자 달려가곤 했던 곳이다. 때로는 외상거래도 해 주었던 넉넉한 인심이 어머니를 그리로 이끌었다.

  당시에는 도미머리와 몸통 부분을 나누어 팔기도 했던 모양이다. 그러나 아무리 단골이기로 서니 현금도 아닌 저고리를 들고 온 사람한테 몸통도 팔기 전에 머리부터 잘라 팔겠는가? 주인장이 눈치를 주었다. 하는 수 없이 도미 구매자가 나타날 때까지 기다려야 했다. 보자기를 가슴에 안고 가게의 어두운 구석에 앉아 하염없이 차례를 기다렸을 어머니…. 시고모가 전해 준 이 이야기는 상상만으로도 가슴이 시려왔다. 남편은 그 전설 같은 이야기를 까맣게 몰랐다. 사연도 모르고 먹었던 그 맛을 평생 잊지 못하는 남편이었다.

이제는 통인시장이라 불리는 옛 효자동 시장으로 나도 모르게 걸음을 옮겼다. 시장은 젊은이들이 찾는 명소로 변모했다. 시장 입구 지하에 있었다는 그 생선가게는 흔적도 없이 사라졌다. 자잘한 생선이 즐비한 다른 가게들만 눈에 띄었다. 가슴에 찬바람이 일었다.

이제 어디로 가야 하나? 한 어물전의 젊은 주인장에게 묻자, 횟집이나 일식집에 가면 있지 않을까요? 한다. 활기찬 그의 목소리가 나를 추억에서 깨어나게 했다. 옳지 그렇구나! 발걸음에 생기가 돌았다.

눈썹이 휘날리게 집으로 돌아온 나는 '네이버' 검색창을 열고 레시피를 찾았다. 머릿속에선 어머니의 손맛이 나를 채근했지만, 그 솜씨를 무슨 수로 따라잡겠는가! 다만 지아비를 향한 절절했던 정성과 사랑을 떠올리며 감히 흉내라도 내 보려 애를 썼다. 양념을 버무리며 당신 아들의 기력을 되찾게 해 달라 기도했다.

상에 오른 도미머리찜을 먹으며 남편은 이 맛이 아닌데, 그때 그 맛이 아니야…. 쫀득한 맛이 없어. 양념도 이렇게 허옇지 않았는데, 하면서도 연신 머리를 주억거리며 열심히 먹었다.

추억의 맛을 나는 다시 되살리지 못했다. 어머니 생전에 어디에 한눈을 팔고 있어 그 맛을 제대로 배우지 못한 걸까? 때늦은 후회가 그리움으로 밀려들었다.

## 당신 목소리, 참 듣기 좋아!

 항암제 투약이 거듭되자 남편은 체력의 한계를 드러냈다. 탈진한 환자를 싣고 응급실로 달려갔다. 난생처음 휠체어 신세를 지게 된 남편은 검사를 받으려고 엉거주춤 일어서다 갑자기 허물어지듯 쿵, 하고 쓰러졌다. 도움을 청하려는데 목소리가 나오지 않았다. 간호사들이 소리를 지르며 달려왔고, 급히 소생실로 옮겨졌다. 심폐소생술을 시행하려는 순간 가까스로 의식이 돌아왔다. 우여곡절 끝에 암 케어 병동에 입원했다.
 병동은 만원이었다. 보건복지부 발표에 따르면 국민 20명 중 1명이 암 환자란다. 닥치고 보니 비로소 실감이 났다. 암 판정

후 우리의 일상은 태풍을 만난 듯 출렁였다. 의사의 말을 철석같이 믿고 따르다가도 정말 이 방법밖에 없는 걸까, 의구심이 솟구치곤 했다. 이제 환자들과 병상을 나란히 하고 있으니 오히려 마음의 풍랑이 조금씩 잦아들었다.

옆 병상의 환자는 50대 남자였다. 머리카락이 한 올도 남아있지 않았다. 여러 항암제를 투여했지만 효과가 없었다. 의사는 포기하지 말고 또 다른 항암제를 써 보자며 달랬다. 망설이는 말들이 오갔다. 절로 귀가 그쪽으로 쏠렸다. 남해에서 온 그들 부부는 서울에 연고가 없어서인지 찾아오는 방문객이 뜸했다.

환자의 부인은 피오줌을 수시로 비워냈다. 갑작스런 입원이라 했다. 날씨는 하루하루 차가워지고 있었다. 가져온 옷이 부족했지만, 인터넷을 통한 구매로 차분히 대처해나갔다. 마치 산전수전 다 겪어낸 베테랑 같았다. 욕창에 효과가 있다며 나에게 동백기름을 나누어 주기도 했다. 늘 무표정이었지만 오가다 마주치면 살짝 미소를 짓기도 했다. 그런 그녀가 한 식경이나 보이지 않았다. 보온병에 물을 받으러 배선실에 갔다가 울먹이며 통화하는 그녀를 보았다. 눈이 마주쳤다. 무거운 목례를 건넸다. 말 없는 위로가 우리 사이에 공기처럼 흘렀다.

건너편 병실에선 자주 통곡 소리가 들렸다. 환자가 위독해지면 1인실인 그 병실로 옮겨졌다. 소위 임종 방이었다. 하루가 멀다고 병실은 채워졌다 비워지길 반복했다. 때론 복도까지 울음바다가 되었다. 환자에게 일어나라고 소리치며 우는 이, 잘 가시게나 인사하는 친구, 벽에 머리를 기대고 우는 딸, 하염없이 복도를 걸으며 주먹으로 눈물을 닦아내는 남자도 있었다. 가족끼리 큰 소리로 싸우기도 했다. 아이들의 웃음소리는 가슴을 쓰리게 했다.

하루는 그 병실에서 흘러나오는 담담한 목소리에 나도 모르게 걸음을 멈추었다. "아빠, 우리 함께 여행 갔던 거 생각나? 나는 아직도 생생한데…." 가족들은 절체절명의 시각임에도 의연하게 추억을 나누고 있었다. 귀는 마지막까지 열려 있다고 했던가. 듣다 보니 눈물이 목젖을 밀어댔다.

남편의 침상으로 다가앉았다. 잠든 남편의 가슴에 손을 올렸다. 거친 숨결이 느껴졌다. 그의 아픔이 내 명치끝으로 전해졌다. 그가 아프니 나도 같이 아팠다.

눈을 뜬 그이가 내게 손을 내밀었다. 타들어 가듯 새까맣게 변한 손이었다. 굳고 딱딱해진 손바닥은 군데군데 허물이 벗겨지고 벌건 속살이 드러났다. 그의 얼굴을 쓰다듬었다. 바싹 마른 얼굴에 주름이 깊어졌다. 입술에는 피고름이 잡혔다.

남편이 어눌한 목소리로 아무 이야기라도 좋으니 해보란다. 당신 목소리, 참 듣기 좋아! 하는데 귀를 의심했다. 말이 조금이라도 길어질라치면 잔소리 좀 하지 말라고 입버릇처럼 쏘아붙였던 그였다. 이이가 갑자기 왜 이러는 걸까? 덜컥 가슴이 내려앉았다.

평소 말이 많다는 타박까지 당했는데 막상 멍석을 깔아주니 말문이 막혔다. 정색하고 이야기를 시작하려니 참으로 어색했다. 무슨 대단한 스토리를 꾸미려는 것도 아닌데 머릿속이 하얗게 도무지 아무런 생각도 떠오르지 않았다. 갑자기 '아라비안나이트'가 떠올랐다. 셰에라자드의 천일야화가 부러웠다. 이야기라는 것이 그리 만만한 게 아니었다.

급한 마음에 일상의 소소한 이야기부터 늘어놓기 시작했다. 놀랍게도 남편은 나의 두서없는 이야기에 귀를 기울였다. 듣는 둥 마는 둥 늘 흘려듣곤 했던 내 푼수 같은 이야기를 그는 참을성 있게 경청하며 몇 마디 맞장구까지 쳤다.

병실에서 쓰는 물품은 구내 편의점에 다 비치되어 있어 편리하다고, 젊은 의사들이 막 도착한 '허니버터칩'을 사려고 편의점 앞에 줄을 서는 진풍경을 보았다고, 쉼터에 어린 환우들을 돕는 바자회가 열렸는데 꼬마들 옷을 천 원에 판다고, 대한외래에 들어선 빵집의 빵이 제법 비싼데도 금방 다 나간다고, 즉석에서 끓여주는 어묵 가게 국물 맛이 끝내준다고, '빼빼로데이'가 곧 다가온다고, 마로니에 공원의 은행잎이 곱게 물들었다고, 친구가 보내온 쿠폰 선물로 받아온 커피가 맛있다고, 노을이 오늘따라 아름답다고, 배선실에만 가도 단풍이 절정인 낙산을 볼 수 있으니 어서 일어나라고, 수술할 수 있는 당신은 이 병동에서 제일 행복한 사람이라고…. 한번 시작한 이야기는 실타래처럼 술술 풀려나갔고 날이 갈수록 낙엽처럼 수북하게 쌓이기 시작했다.

우리가 언제 이렇게 한가롭게 이야기를 나누었던가? 되풀이되는 야근으로 늘 피곤에 절어 지냈던 그는 얼마 전 은퇴했다. 가까스로 한시름 돌리던 차에 다가온 병마는 그야말로 청천벽력이었다. 두근거리며 짜나가던 여행 계획도 모두 무산되었다.

돌이켜보면 젊은 날 우리는 연이어 병석에 누운 시부모의 병간호와 집안의 대소사를 견디며 종종거렸다. 바람벽에 선 듯 암담했던 날들이 주마등처럼 떠올랐다. 늘 쫓기듯 서로 눈도 맞추지 못한 채 내달려온 세월이었다. 생사를 달리고 있는 지금에야 비로소 우리 둘만의 푸근한 시간이 찾아온 지도 모른다. 문득 순간의 꽃을 만난 듯, 한 날 한 시가 다 감사하게 다가왔다.

그는 간절한 눈빛으로 내 이야기를 듣고 있다. 마치 이 세상에 보호자는 단 하나뿐이라는 듯, 그렇게 모든 걸 나에게 맡기고 있다. 먼 훗날 "그때는 그랬지!" 웃으며 돌아볼 날이 올까? 울컥 까닭 없는 속울음이 올라온다. 가슴이 미어졌지만, 그도 나도 해맑게 웃어본다.

## 진짜 나? 진짜 너?

남편이 펜을 쥐었다. 손바닥 껍질이 벗겨져 속살이 드러나 보였다. 옆으로 누운 그이가 공책에 글자를 그리는가 싶더니 펜을 놓치고 만다. 떼구루루 구르는 펜을 쫓던 남편의 눈이 스르르 감겼다. 달랑 몇 글자 쓰고 탈진이라니! 벌어진 입술 사이로 까맣게 타들어 간 입속이 보였다. 그 상처들로 인해 그이는 말을 하지 못했다. 그가 쓴 글씨를 들여다보았다.

'유체이탈'

화들짝 놀라 남편을 바라보았다. 미동도 없는 그이의 몸 위 허공을 눈으로 더듬는다. 잊혔던 옛 기억이 서늘하게 가슴을 훑고 지나갔다.

초등학교 4학년 봄이었다. 학교에 가려고 가방을 메고 일어서다 개어놓은 이부자리에 그대로 쓰러지고 말았다. 순간 나에게서 또 다른 내가 분리되더니 공중으로 붕 떠올랐다. 투명한 존재가 회색빛 안개에 휩싸인 몸체를 내려다보았다. '저게, 나야?' 하자 어디선가 말소리가 들려왔다. '맞아! 바로 너야. 이건 너의 영혼이야. 이게 진짜 너야. 빨리 떠나야 해, 어서 서둘러!' 나는 지체 없이 날아올랐다.

어둠이 걷히고 환한 빛이 보였다. 꽃이 만발한 정원에 한 무리의 아이들이 뛰놀고 있었다. 또래 친구들이 반기더니 곧 놀이에 끼워주었고, 나는 방방 뛰며 따라다녔다. 고무줄놀이, 사방치기, 술래잡기… 놀이는 끝이 없었다. 숙제도 없고, 엄마와 선생님의 잔소리도 없는 곳. 아하, 여기가 바로 천국이구나! 그런 생각이 들었다.

얼마나 놀았을까? 어디선가 두런두런 소리가 들려왔다. "아직은 아닐세." 말이 떨어지기 무섭게 하얀 옷을 입은 노인이 넓은 소매를 펄럭이며 나를 손짓해 불렀다. "더 있다가 오너라." 놀이를 멈춘 아이들이 나를 바라보더니 어둠 속으로 사라졌다.

노인이 데려간 곳은 성당이었다. "여기에 앉거라." 기다렸다는 듯 신부님이 당신 옆자리에 나를 앉히고는 앞을 응시하였다. 잠시 후 누군가 사뿐히 걸어왔다. 하얀 옷에 긴 머리, 빛나는 얼굴! 바로 예수님의 형상이었다. 그분은 말없이 내 머리를 쓰다듬어 주셨다.

"정신이 드니?"

눈을 뜨니 엄마의 얼굴이 두 겹, 세 겹으로 겹쳐 보였다. 땀범벅이 된 몸이 덜덜 떨렸다. 학교에 가야 하는데? 깜짝 놀라 시계를 찾았다. 7시 45분. 믿을 수 없었다. 내가 천국에 다녀온 시간은 15분에 불과했다.

나중에 물으니 그때 몹시 체했던 나는 며칠 동안 밥을 제대로 먹지 못했단다. 아무도 내 이야기를 믿지 않았다. 성당의 주일학교 선생님은 첫영성체 받은 지 얼마 되지 않았기에 꾼 꿈이라고 해석했다. 환상이라거나 거짓말이라고 놀리는 친구도 있었다. 너무도 생생하여 나만의 비밀로 간직하자 마음먹었다.

그 후 나는 영혼의 존재를 부정하지도, 인정하지도 않고 살아왔다. 그때 죽음의 고비를 넘겼다거나 혹은 다행이라는 생각을 한 적도 없었다. 하지만 살면서 가끔 견디기 힘든 일에 부닥치면 그날을 떠올리곤 했다. 허무하기도 했지만 한편 홀가분한 생각도 들었고, 때론 생활의 집착을 내려놓게도 했다. 한데, 항암제 부작용으로 응급실로 실려 갔던, 진료를 앞두고 졸도했던, 입원

후에도 곡기는커녕 물도 마시지 못하고 있던 남편의 유체이탈 메시지를 읽자 몸서리가 쳐졌다. 생과 사의 경계에 그이가 있는 건 아닐까? 이대로 두면 어쩌면 영영 떠나가게 될지도 모른다! 나는 있는 힘껏 그이를 흔들어 깨웠다. 남편은 엉거주춤 눈을 뜨더니 다시 까무룩 잠에 빠져들었다.

남편은 열흘 가까이 유체이탈을 경험했다. 눈을 감으면 육체에서 분리된 형체가 떠올라 아래를 내려다보았다. 남편의 영은 누워있는 자신을 살펴보기도 하고 들락거리는 의사와 간호사의 거동을 바라보기도 했으며 내가 하는 이야기를 듣기도 했단다. '진짜 나는 이거야! 저 밑에 누워있는 건 내 껍데기에 불과해. 이 게 바로 영혼이라는 걸까? 그렇다면 영혼이란 게 정말로 있었네.' 하다가 문득 '껍데기'를 벗어나면 생이 끝나게 될지도 모른다는 자각이 밀려들었단다.

'도대체 내가 무슨 생각을 하는 거야?' 놀란 남편은 눈을 번쩍 떴고, 자신은 침대에 누워있었고, 통증이 사정없이 엄습했고, 아직은 살아있다는 실감을 했다. 버티려 애를 써도 자꾸만 눈이 감기고 그러면 영락없이 투명한 물체가 떠올랐다. '사람이 죽으면 천당이나 지옥으로 간다는데 나한테는 왜 안 보이는 걸까? 내가 종교인이 아니라서 그러나?' 그런 와중에도 의문이 일었다

한다.

 유체이탈 상태가 반복되다 보니 남편은 자신의 생이 이승과 저승에 한 발씩 걸치고 있다는 느낌이 들었다. '그렇다면 삶과 죽음은 그야말로 얇은 백지 한 장 차이지 않은가? 사는 것도 죽는 것도 별거 아니네.' 그리 애면글면하며 살아갈 것도, 죽었다고 슬피 울 것도 아니라는 생각마저 들었다 한다.

 고비를 넘긴 남편은 서서히 회복되었다. 극한 상황에서 영혼의 형상을 만났던 남편은 죽음은 물론 삶에 대해서도 초연한 태도를 보이고 있다. 더는 죽음이 두렵지 않다고 한다. 죽음을 대하는 긍정의 마인드는 남편이 병을 이겨내는 방식인지도 모른다는 생각이 들곤 했다.
 이야기를 나누다 보니 유체이탈 체험자들이 속속 나타났다. 혼자만의 경험이 아니라는 사실에 남편은 놀라워했다. 나의 체험도 수면 위로 올라오게 되었다. 신의 손짓에 따라 우리는 언제 또 유체이탈을 할지 알 수 없다. 내가 아는 한 망설일 새도 없이 떠나야 하는 게 이승이었다. 새삼 돌아보니 생각 없이 살아온 지난날들이 회한으로 다가온다. 그와 나는 담담하게 영혼에 대해 이야기를 나누곤 한다. 그건 어쩌면 삶을 힘껏 껴안고 싶은 또 다른 마음이 아닐까.

# 박수

 남편의 위암 수술 전날, 주치의가 수술동의서가 담긴 태블릿 PC를 들고 왔다. 문항마다 사인하라고 했다. '복부를 개복하여….'라는 문항에 이르자 깜짝 놀랐다. 복강경 수술이 아니었나요? 묻자, 병이 깊어 개복 수술이 예상된단다. '개복 후 암이 넓게 퍼져 있으면 그냥 덮을 수도 있으며….' CT(Computed Tomography)를 비롯한 정밀한 검사보다 육안 확인이 우선시된단다. 서명을 마친 남편은 요식행위니 걱정하지 말라며 오히려 나를 위로했다.
 이십여 년 전 시어머니도 위암 수술을 했다. 수술 전날 주치의

가 수술동의서를 내게 내밀었다. '그럴 리는 없겠지만…. 혹시나….' 하며 그는 문항들을 읽어 주었다. 서명하는데 손이 떨렸다. 잘하는 걸까? 수술이 잘못되기라도 하면 모든 책임을 내게 물을 것 같았다. 어머니께는 내용을 말씀드리지 않았다.

수술실에 들어가며 어머니는 마치 소풍이라도 가듯 빨리 마치고 올게! 하며 손가락으로 승리의 V자를 만들어 흔드셨다. 말기 암을 초기 암이라고 숨겨왔던 자식들은 가슴에 시퍼런 멍을 숨기고 있었다. 새삼 그날의 풍경이 선하게 떠올랐다.

남편 지인들의 전화가 쇄도했다. 그들의 응원이 절실하게 새겨졌다. 초연한 척해도 남편의 모습은 초조해 보였다. 부처님, 예수님, 천지신명님, 그리고 세상에 존재하는 모든 신에게 매달리고 싶은 심정이었다.

문득 내 전화기를 들여다보았다. 친구들로부터 그 흔한 문자 한 통 없었다. 남편이 아프다는 소식을 들었음에도 안부 전화 한 마디 없는 친구들이 떠올랐다. 득달같이 달려오리라 믿었던 그들이었다. 어떻게 이럴 수가 있을까?

어려울 때 사람을 알아본다고 했던가. 야속한 마음에 누구는 정이 없다느니, 겉과 속이 다르다느니 하면서 친구들을 하나하나 분석하기 시작했다. 내가 다시는 연락하나 봐라! 이제 끝이야! 그 어떤 모임에도 나가지 않을 거야! 우리의 우정이란 게 고작 이 정도였네. 내가 자기네 가족들이 입원하면 병문안 갔던 게 어디 한두 번인가? 서운함은 까닭 없는 분노로 바뀌고 있었다. 나도 모르게 자꾸만 전화기를 만지작거렸다. 하지만 오지 않는 전화를 어쩌랴!

찻잔을 들고 창밖을 내다보았다. 햇볕이 공원을 비추고 있었다. 겨울답지 않은 따뜻한 오후였다. 비둘기 떼가 광장에 내려앉았다. 젊은이들의 발랄한 웃음이 공허하게 들렸다. 저들은 뭐가 저렇게 좋은 걸까? 나만 불행의 구렁텅이에 빠진 듯 가슴이 아팠다. 내가 잘못 살았나? 자책감이 밀려왔다.

엉뚱하게도 수십 년 전 아들, 딸과 함께 보았던 「피터 팬Peter Pan」 연극이 떠올랐다. 요정 팅커 벨Tinker Bell이 죽어가자 피터 팬은 세상의 어린아이들에게 사랑의 박수를 보내 달라고 했다. 아이들은 귀가 빨개지도록 힘차게 박수를 보냈다. 쓰러졌던 팅커 벨은 힘을 얻었고 다시 일어나 하늘을 날았다.

남편에게도 그 어느 때보다 박수가 필요한 건 아닐까? 나는 전화기를 들었다. 체면 불고하고 친구들에게 카톡을 보내기 시작했다. 참 많이 보고 싶었다고, 내일 남편이 수술한다고, 기도 부탁한다고. 손가락이 가늘게 떨렸다.

문자를 보내기 무섭게 답이 왔다. 친구들은 먼저 소식 주어 고맙다고, 혹시나 누가 될까 봐, 나쁜 소식 들으면 어쩌나 걱정되어 차마 전화 못 했다며 미안해했다. 당장 면회 오겠다는 친구, 내일 일찍 수술실로 달려오겠다는 친구, 밥 잘 챙겨 먹고 기운 내라는 친구, 기도문을 적어 보내는 친구, 수술 시간 내내 기도하겠다는 친구도 있었다. 한번 불붙은 카톡은 밤새도록 멈추지 않았다.

넋두리로 들릴까 봐, 자존심을 내세우며 전화도 하지 못하고 전전긍긍했던 시간이 부끄러웠다. 나도 당하기 전엔 이런 마음까지 미처 헤아리지 못했다. 상황이 좋지 않으니 원망의 화살을 밖으로 돌리고 있었다. 내 가슴앓이는 한낱 어리광에 불과했다. 따지고 보면 친구들에겐 아무런 잘못이 없었다. 들여다보면 그들도 나름대로 상처를 지니고 살고 있지 않던가. 말 안 해도 내 마음 다 알고 있었다는 친구들, 과연 나는 그들에게 얼마나 믿음을 주는 친구였을까?

위로와 응원이 봇물 터지듯 밀려들었다. 눈물이 흘러내렸다. 박수 소리가 점점 크게 들려왔다.

## 도다리쑥국

TV를 보던 남편이 큰소리로 나를 불렀다. 하던 일을 멈추고 달려갔다. 그는 들뜬 목소리로 "지금이 도다리쑥국 철이래! 어이구, 시원하겠다!" 감탄을 연발했다. 여수의 한 식당에서 펄펄 끓는 도다리쑥국을 먹고 있는 한 연예인의 모습이 화면을 가득 채우고 있었다.

남편은 위암 수술 후 항암치료를 받고 있다. 그는 습관처럼 TV 리모컨을 돌려댔다. 먹방 프로그램이 그렇게 많은 줄 미처 몰랐다. 평소 미식가를 자처했던 남편은 울렁거리는 속을 눈으로 달래고 있었다.

새우와 전복을 다져 넣고 뭉근하게 죽을 쑤고 있던 나는 맥이 풀렸다. '그래서? 설마 지금 여수까지 갔다 오라는 건 아니겠지?' 가슴이 내려앉았다. 얼마 전에도 남편은 추어탕이 먹고 싶다며 그예 남원에 사는 제자에게 연락을 취했다. 버스 편으로 올려 보낸 남원추어탕을 고속버스 터미널까지 가서 찾아왔다. 인터넷에 떠 있는 평점 별 다섯 개짜리 음식점을 찾아 반찬통을 들고 뛰어다닌 게 어디 한두 번인가? 포장이 안 된다는 걸 사정사정해서 받아오기도 했다.

힘든 고비를 넘긴 환자가 대견해 먹고 싶다는 건 무엇이든 다 해 주고 싶었다. 순한 유동식으로 하루 여섯 번 소량의 식사를 준비하느라 나의 일상은 바빠졌다. 하지만 항암제 후유증으로 그는 입맛을 잃었다. 도통 맛을 모르겠다는 투정과 함께 짭짤하고 매콤한 음식을 주로 찾았다. 나의 반대와 짜증과 설득에도 그는 요구가 관철될 때까지 도돌이표처럼 같은 말을 반복했다. 이제는 말이 떨어지기 무섭게 자동으로 문을 나서고야 만다. 하지만 급히 대령한 음식을 그는 채 몇 숟가락도 뜨지 못한다. 그럴수록 입맛을 되찾으려는 집착은 더 커지는 듯했다.

때론 그런 의지와 노력이 가상하고 고맙지 않은 건 아니다. 하지만 길을 나설 때마다 그사이 그이에게 무슨 안 좋은 일이라도 생기면 어쩌나 하는 걱정에 뒤통수가 쭈뼛거리곤 했다.

앓고부터 그는 더 눈치가 없어졌다.

"도다리쑥국을 먹으러 여수까지 갈 필요 없어!"

전에 서울 다동의 한 음식점에서 먹어봤는데 맛이 똑같았다고, 남해에서 매일 가져온다는 해산물이라 싱싱하다며 장황하게 말을 늘어놓았다. 오늘 꼭 먹고 싶다는 건 아니라면서도 혹시 시간 나면 사 오란다. 그의 천진한 기대가 오늘따라 기가 차다. 지금 내가 만들고 있는 음식은 안중에 없다. 시큰둥한 내 반응을 모르나? 아니, 모른 체 하는 걸까? 철없는 환자에게 따질 수도 없고, 죽 끓듯 속만 부글부글 끓었다. 참, 맛있겠네! 건성으로 대답하고 주방으로 돌아가 죽을 쑤던 주걱을 소리가 나게 탁, 놓아 버렸다.

평소 짠 음식, 매운 음식, 뜨거운 음식을 즐겼던 그였다. 이러한 식습관도 발병의 한 원인이었을지 모른다. 조심하라는 내 말에 소화력 하나는 타고났으니 걱정하지 말라고 늘 큰소리치더니 결국 이 고생길로 나를 내몰지 않았는가. 아픈 게 무슨 벼슬인 줄 아나? 브레이크가 걸릴 때마다 아휴 힘들어! 말이 절로 나왔다. 까닭 없이 울컥하기도 했다.

나는 묵묵히 점심을 차렸다. 가슴에 이는 원망에도 불구하고 자꾸만 여수 앞바다가, 그날의 도다리쑥국이 밥상에 출렁였다.

도다리쑥국을 처음 만난 건 여수였다. 그 봄의 여수행은 심한 차멀미를 불렀다. 그런 나를 이끌고 남편은 한 허름한 식당의 문을 열었다. 식당 안은 식객들로 북적여 앉을 자리가 없었다. 커다랗게 써 붙인 '도다리쑥국'이 눈에 들어왔다. 도다리회도 아니고 웬 쑥국? 그 조합이 영 미덥지 않았다. 간신히 비집고 앉아 국물을 한 입 떠 넣었다.

오! 그 시원하고 개운한 맛이라니! 뱃속을 타고 흐르는 쑥 향기가 온몸의 세포를 일시에 깨우는 듯했다. 땀이 비 오듯 흘러내렸다. 창문 너머 푸르른 바다가 가슴에 들어와 앉았다. 메슥거리던 속이 시나브로 가라앉았다.

지난해 초부터 시작된 남편의 투병은 어느새 일 년을 훌쩍 넘기고 있었다. 음식이 보약이라는데 본능적으로 부족한 것을 채우려고 자꾸 그를 부추기고 있는 건 아닐까? 어쩌면 그 기운으로 조금씩 소생하고 있는지도 모른다. 나는 현관을 나섰다.

남편이 일러준 음식점을 찾아 골목을 몇 바퀴 돌았다. 둘러보니 아까 지나왔던 길이지 않은가. 그놈의 식당은 도대체 어디에 있는 건가? 더구나 코로나19 시국이 아닌가. 이러다 병이라도 옮으면 어쩌나. 마스크 사이로 새어 나온 입김이 안경에 서렸다. 동동거리다 참았던 분통이 터졌다.

그가 추천한 맛집들은 왜 늘 이렇게 꼬불꼬불한 골목 속에 있는 걸까? 그의 맛 타령은 언제나 끝이 날까? 환자답게 내가 준비한 음식을 달게 먹어주면 얼마나 좋아! 건짜증이 돋아났다. 들고 온 통을 내팽개치고 돌아가 버려? 하는데 거짓말같이 식당 간판이 눈앞에 나타났다. 머쓱해 바라보다 피식 웃고 말았다.

공수해 온 생선 육수에 도다리를 넣고 팔팔 끓이다 쑥을 얹었다. 어, 참 시원하다! 국물을 후루룩 들이켜며 남편은 연신 엄지를 치켜들었다. 나도 모르게 눈물이 핑 돌았다.

## 아! 바다

나는 늘 바다가 그리웠다. 도심에서 나고 자란 나에게 바다는 근원적인 그리움의 대상이었다. 때때로 파도 소리가 환청처럼 내 귀를 두드렸다. 불현듯 충동에 이끌려 훌쩍 다녀오기도 했다.

남편도 나 못지않게 바다를 좋아한다. 내가 산문의 긴 호흡을 닮은 서해를 선호하는 데 반해 그는 파토스의 운율을 띤 동해의 물빛을 좋아했다. 남편의 병세가 호전될까 하는 기대에 우리 가족은 그간 미뤄두었던 바다를 찾았다.

바다는 언제나 그랬듯 무심한 형상으로 나를 맞았다. 바다를 보면 눌러두었던 감정이 봇물 터지듯 솟구칠까 두려웠다. 하지만 막상 바다를 대하고 있자니 까닭 없이 가슴만 벅차오를 뿐 머리는 은화처럼 투명해졌다. 코발트 빛 하늘 아래 가을의 백사장은 한산했다. 햇살을 등지고 걷는 남편의 그림자가 모래밭에 묵화처럼 길게 드리워졌다.

  나는 남편을 곁부축했다. 항상 멀찍이 앞장서서 걷는 그에게 불만을 토로하곤 했는데 이제는 내 바람대로 보폭을 같이하고 있다. 그래도 옛 시절이 좋았구나 싶었다. 그이가 내 손을 잡았다. 늘 따뜻했던 손이 수술 이후 얼음장처럼 차가워졌다.

  남편은 소문난 식도락가였다. 소화력 또한 뛰어났다. 한데, 겨울에 걸린 감기 증세가 봄이 되도록 나아지지 않았다. 생전 처음 속이 더부룩하다고 했다. 동네 의원 의사는 위궤양 처방전을 내어주며 고개를 갸웃거렸다. 두 번의 정밀검사 끝에 날벼락처럼 위암 판정이 내려졌다.

  왜 암에 걸린 걸까? 의문이 꼬리를 이었다. 그는 아침 산행과 맨손 체조도 거르지 않았다. 해마다 위장조영검사도 받았다. 대학병원의 내과 의사는 가족력부터 물었다. 그동안 즐겼던 술과 끊지 못한 담배, 밤샘 작업, 불면증도 요인이 되었을까? 내가 바가지를 자주 긁어서였을까? 자책하는 심정이 나를 괴롭혔다.

  연전에 부군을 하늘나라로 보낸 친구가 소식을 듣고 찾아왔다. 고인은 생전에 술, 담배를 하지 않았다. 등산과 배드민턴 등 운동에도 열심이었다. 건강보험공단에서 권장하는 검진도 거르지 않았는데 췌장암이라니! 너무 늦었다는 청천벽력 같은 소식에 망연자실 했다. 그녀를 보자 울컥 눈물이 나왔다.

"누구의 잘못도 아니야. 너무 골똘하게 생각하지 마. 어느 날 문득 청하지 않은 방문객처럼 병이 우리를 찾아온 거야."

그녀는 마치 산전수전 다 겪은 노인 같았다. 위암은 예후가 좋으니 마음 편히 가지라고, 지금, 이 순간만 생각하라고, 절체절명의 순간이 와도 보호자는 환자를 절대 포기해선 안 된다며 나를 다독였다. 친우들이 쾌유를 비는 글을 보내왔다. 마음이 추울 때는 역시 사람이 난로였다.

남편의 수술을 담당한 의사는 예전에 시어머니를 집도한 바 있었다. 그는 남편을 보자 대뜸 손부터 잡았다. "제 불찰입니다. 그때 아드님에게도 이 병이 올 수 있다고, 조심하라고 신신당부했어야 하는 건데. 이런 일로 다시 뵙게 되다니. 미안합니다." 그의 위로가 가슴을 뭉클하게 했다.

수술에 앞서 암의 크기부터 줄여야 했다. 의사의 지시대로 표준항암제와 임상용 신약 항암제까지 달게 받아들였다. 그의 몸무게가 급속도로 줄어들었다. 무엇보다 섭생이 으뜸으로 중요했다. 결국, 먹지 못하면 죽는다는 단순한 이치가 뼈저리게 다가왔다. 검색창에 올라온 토마토, 시금치, 브로콜리, 양파 등이 눈길을 잡았다. 만병통치의 대명사로 불리는 상황버섯을 비롯해 차가버섯, 노니, 새싹보리, 홍삼 등등 별별 제품들이 우리를 유혹했다. 혹하고 쏠렸지만, 항암치료 중에는 건강보조식품 섭취를 가급적 피하라는 의사의 당부를 믿고 따르기로 했다.

우여곡절 끝에 마침내 암의 크기가 줄어들었다. 수술을 준비하라는 의사의 말에 비로소 안도의 한숨이 흘러나왔다. 수술을 할 수만 있어도 행운이라는 말이 실감 났다. 암을 제거하려면 위를 다 들어내야 했다. 그래도 회생의 서광이 비치는 듯했다.

수술 후에도 십여 차례의 항암제 치료가 기다리고 있었다. 항암제 맞는 날은 아침 일찍 임상 대기실에 도착해 채혈하고, 혈압을 쟀다. 체중계에 올라설 때마다 몸무게가 더는 줄지 않기를 기도했다. 의사가 백혈구, 적혈구 등의 수치로 적격 판정을 내리면 주사실에서 한 시간여 동안 맞춤 항암제를 제조했다. 남편이 항암제 맞는 시간은 6시간여. 주사를 맞고 나오면 하늘이 어둑해졌다. 남편은 늘 주사실의 마지막 환자였다.

우리는 소풍 가듯 점심 도시락을 싸 들고 3주에 한 번씩 항암제를 맞으러 병원에 갔다. 3주씩 연장되는 삶이었다. 혈액 수치와 CT 결과에 목을 매었다. 신약 발표 소식이 줄을 잇고 있으나 막상 닥치고 보니 암 정복은 아직 요원하기만 했다. 그나마 맞춤 항암제를 찾지 못한 환자는 생사의 갈림길에 서게 된다.

백사장에 앉은 그이는 바다를 조용히 응시하고 있었다. 이렇게 함께 앉아 한 곳을 바라본 게 얼마 만인가. 망망한 수평선을 하염없이 바라보았다. 울적했던 심사가 파도를 타고 씻겨 나가는 듯했다.

다음 날 아침, 숙소의 창밖을 내다보니 태양을 품은 바다가 산고를 치르고 있었다. 함께 여행 온 두 살배기 손녀가 벌떡 일어나 붉게 물든 창을 향해 달려갔다.

"좋은 아침!"

손녀의 일성이 밝게 퍼져나갔다. 아이의 걸음마다 햇빛이 튀었다. 앙증맞은 손을 펴 남편과 하이파이브를 한다. 손녀의 기를 받은 그이 얼굴에 웃음이 번졌다. 무엇이 좋은지 손녀는 눈부신 바다를 가리키며 "아~~ 바다!"를 연신 외쳐댔다. 갓 태어난 햇살을 품고 환희로 출렁이는 바다가 내게도 찬란한 빛을 보내오고 있었다.

# 소중한 No

정기 진료가 있는 날, 외과 의사를 만났다.

"지난주에 CT 찍었지요?"

의사가 진료용 컴퓨터를 들여다봤다. 그가 매의 눈으로 CT를 판독할 때마다 두려움이 엄습한다.

CT 검사는 우리의 삶을 통째로 바꾸었다. 초기일 거라 예상했던 암의 상태는 CT 검사 결과 3기를 넘어선 것으로 판정되었다. 의사는 때때로 CT에 찍힌 단층면을 보여 주었다. 수회에 걸친 항암치료 후 암이 줄어든 정황도 CT를 보여주며 설명했다. CT 촬영 후 수술했고, 그에 따른 예후 또한, 주기적으로 CT로 확인하고 있다. 이제 CT는 우리가 처한 현주소를 보여주는 결과물이 되었다.

의사는 나를 지그시 바라보더니 가까이 오라고 했다. "여기를 보세요. 뭐라고 쓰여 있나요?" 컴퓨터로 다가가 그가 가리키는 영문 용어를 바라보았다. 맨 앞줄에 No라고 적혀있었다. No라니? 무슨 뜻일까? 가슴이 콩닥거린다. "여기도 한 번 읽어보시죠." 아래 줄에 표기된 No라는 글씨를 읽는 내 목소리가 떨렸다. "여기 이 No들은 암이 폐나 간으로 전이된 소견이 없다는 겁니다. 확인하셨지요? 고생 많으셨습니다."

그가 내게 부드러운 눈길을 보냈다. 앞으로 남은 항암치료도 잘 견뎌보자고, 시간이 지나면 하고 싶은 작업 마음껏 할 수 있을 거라며 환자를 격려했다. 보호자를 먼저 챙기는 의사의 배려가 고마웠다.

그는 20여 년 전 시어머니와 시누이의 위암 수술을 연이어 집도한 바 있었다. 그때는 촉망받는 외과의로 매스컴을 타기도 했다. 지금은 어엿하게 암병원 병원장이 되어 있었다. 보호자로서 나는 참으로 오랫동안 그를 만났다. 그때나 지금이나 긍정적인 그의 태도는 황망한 처지에 놓인 내게 큰 위로로 다가왔다. 특히 은쟁반에 옥구슬 구르는 듯한 목소리는 마치 완치의 氣를 불어넣는 주술처럼 들렸다. 환자는 물론 나도 그를 믿고 버텼다.

나는 No라는 말을 싫어해 의식적으로 쓰지 않는다. 그러나 이토록 소중한 No가 있을 줄이야!

학창시절 나는 미술부에 선발되었다. 그림 공부를 계속하겠다고 하자 아버지는 대번에 No라고 했다. 내가 아니라고 하면 긴 지청구를 들어야 했다. 그 후 나의 꿈은 여러 차례 수정되었고 삶은 엉뚱한 방향으로 전개되었다.

나는 늘 No에 굴복했다. 남동생의 진학을 위해 나와 여동생들은 자발적 후남이가 되었다. No라는 말은 트라우마가 되었다. 급기야 아버지는 나의 결혼도 반대하기에 이르렀다. 나는 그때 처음으로 아버지의 말을 따르지 않기로 했다. 세월이 흘러서야 자갈길을 피하길 바라는 아버지의 진심을 깨달았다. 당신이 바라던 대로 나는 비교적 평탄한 삶을 이어가고 있다. 때때로 안온한 울타리를 치느라 무진 애를 쓰던 아버지가 그립다. 그러나 No라는 말에는 늘 상처가 존재했다.

그래서 나는 Yes를 입에 달고 살았는지도 모른다. 웬만한 일은 그냥 내가 감내하는 것이 마음 편했다. 하지만 남편이 No라고 하면 은근히 화가 났다. 처음에는 내가 무얼 잘못해서 저러나 전전긍긍했다. 옷을 사 오면 나에게 안 어울린다며 바꾸어오라기 일쑤였다. 자기 옷은 본인이 살 테니 신경 쓰지 말라고도 했다. 아이들 콧바람 좀 쐬어 주자고 하면 당신이 아이들보다 먼저 나선다고 핀잔을 주었다. 무안해서 울기도 했다. 시부모의 의견이 내 말보다 먼저였고, 시누이들의 잘못에도 오히려 나에게 화살이 날아왔다. 연애할 때는 달콤한 말도 곧잘 하더니 어느새 잊어버린 걸까? 내가 달라지면 그도 달라지겠지 하며 시시때때로 마음을 달랬다.

따지고 보면 시집살이는 나만 힘든 게 아니었다. 그도 그런 삶은 처음이었고, 달라진 상황이 그를 거칠게 내몰고 있었다. 그런 그가 안쓰러워 휴화산처럼 살자고 하다가도 때론 참지 못해 활화산으로 돌변하기도 했다. 되돌아보면 No는 Yes 못지않게 나의 삶을 얼기설기 지탱해 온 한 부분이기도 했다.

수술이 깨끗하게 잘 되었다고 해도 암 환자는 전이나 재발의 두려움 속에 살아간다. 수술 후 5년을 무탈하게 견뎌야 완치 판정이 내려진다. 위암 진단을 받은 후 우리는 폭풍 같은 나날을 견뎌왔다. 두 달 후 예약된 다음 CT 검사 때까지는 조금 마음을 놓아도 되지 않을까?

의사가 알려준 No를 되뇌며 들뜬 나를 남편이 물끄러미 바라본다. 그렇게 좋으냐며 따라 웃었다. 고생했어. 수척해진 얼굴로 그가 말했다. 사십 년 가깝도록 그놈의 No 때문에 다투기도 많이 했다. 앞으로는 기꺼이 No라는 말도 달게 들으리라 결심해 본다.

병원을 나서며 "점심으로 멸치국수 어때요?" 권한다. 대번 "아니야!" 하는 대답이 돌아온다. 오늘은 얼큰한 짬뽕이 먹고 싶다나? 아니, 매운 걸 먹으면 속이 부대끼는 걸 뻔히 알면서도 투정이라도 하듯 No부터 하고 보는 심보는 무얼까. 나는 얼마나 더 수련해야 저 No를 뛰어넘을 수 있는 걸까? 나의 결심은 채 십 분을 견디지 못하고 나를 배신하고 말았다.

## 남편은 요리 중

"어여, 나와 봐!" 그이가 다급하게 나를 불러댔다. 조리대에 핏물이 선명하게 번져 있었다. 감자를 채칼로 썰다가 중지 끝이 잘려 나갔단다. 부랴부랴 상처에 거즈를 대었지만, 삽시간에 피로 물들었다. 놀란 그는 통증조차 느끼지 못했다. 혹시나 해서 채칼을 뒤집어보았다. 흩어진 감자채 사이에 떨어져 나간 살점이 허옇게 질려있었다. 거즈에 싸 들고 집을 나섰다. 일요일 오후라 동네 병원은 문을 닫았다. 자동차 핸들 잡은 손이 덜덜 떨렸다. "조심한다고 했는데…." 평소 그답지 않게 변명을 늘어놓았다.

백종원 선생이 진행하는 「맛남의 광장」이 사달이었다. "비도 부슬부슬 내리는데 백 선생의 감자전 한판 어때?" 하더니 그는 적어둔 레시피를 찾아들고 바로 작업에 착수했다. 애초 내 대답은 들을 생각도 없었다. 끼니때도 아닌데 감자 내놓으라, 소금은 어디에 두고 쓰느냐, 베이컨 남은 건 있느냐…. 채칼도 필요하다며 호들갑이었다. 매번 재료를 찾지 못하는 능력(?), 참으로 탁월하다.

TV를 켜면 낮이고 밤이고 튀어나오는 요리 프로그램들이 그이를 끌어당겼다. 당최 세상에 없는 요리를 하는 것도 아닌데 연신 신기해한다. "저렇게 간단하게 하는 방법이 다 있네!" 감탄을 연발했다. 신나 하는데 말릴 수도 없었다. 요리에 앞서 넓적한 접시에 식자재들을 가지런히 썰어놓고, 프라이팬에 기름을 두르고 파나 마늘을 먼저 볶아 향을 냈다. 모양새는 셰프가 울고 갈 지경이다.

"요리사들은 다 저 칼을 쓰고 있어. 무슨 이유가 있을 거야. 저 봐, 엄청 잘 썰리잖아?" 급기야 넓적하고 네모진 칼을 구입하기에 이르렀다. "저 요리 장갑도 좋아 보이네." 대답할 틈도 주지 않고 바로 검색에 들어가는 그이, 나도 모르게 입을 삐쭉 내밀었다.

그렇지 않아도 남편이 칼을 잡으면 아슬아슬해 가슴이 조여지곤 했다. 베이는 건 어찌어찌 피한다 해도 여기저기 튈 기름이며, 얼룩덜룩 지저분해질 조리대가 선하게 그려졌다. 냉장고를 열어젖히고 그거 어디 있지? 하며 여기저기 헤집고 이것저것 급하게 찾아댈 것이다. 모자란 재료를 사러 언제 마트로 뛰어야 할지 모른다. 뒷설거지로 바빠질 생각에 한숨부터 나왔다.

'대체 왜 이토록 요리에 집착하는 걸까?' 동동거리다 보면 어느새 짜증이 올라왔다. "요렇게 하면 맛있겠지?" 연신 동의를 구하다 내가 시큰둥한 반응을 보이면 "걱정 마, 내가 혼자 다 해서 대령할게. 당신은 소파에 그림처럼 앉아 있다가 먹기만 하면 돼." 꿈같은 제안으로 나를 달랬다.

레시피가 있다고 어디 요리가 척척 다 되던가? 계량스푼으로 꼼꼼하게 재어도 제맛이 안 난다고 툴툴대더니 요즈음은 호기롭게 양념을 퍼 넣는다. "요리, 그거 별거 아니야! 대충의 룰이 있더라고. 간을 맞추는 게 관건이야. 나머지는 내가 알아서 잘 버무리면 돼." 갈수록 배짱이 늘어갔다.

사실 그의 위암 수술 후 우리는 아침에 눈 뜨기 무섭게 오늘은 무얼 먹을까부터 의논했다. 그는 입맛을 잃지 않으려고 안간힘을 썼다. TV 먹방 프로그램을 필사적으로 시청했으며, 방송에 나오는 전국의 맛집을 실시간으로 검색했다. 남편이 원하는 음식을 조달하기 위해 나는 사방으로 뛰어다녔다. 소식을 들은 제자와 친지들이 지방의 토속 음식들을 보내왔다. 이에 더 나아가 그는 자신이 먹을 음식을 스스로 만들기 시작한 것이다.

초반에는 맵고, 짜게 만들어 울렁대는 속을 달래더니 갈수록 간이 싱거워졌다. 그는 점차 자신의 맛을 찾아가기 시작했다. 레시피를 응용해 본인 입맛에 맞는 육개장, 떡볶이도 만들었다. 식재료 천연의 맛에 매료되어 발사믹 식초를 올린 상큼한 샐러드를 식탁에 올리기도 했다. 수제 햄버거와 채소, 과일을 한 접시에 공들여 꾸미고, 사진을 찍어 사방으로 전송했다. 근래에는 요리를 공유하고 서로 격려하는 멤버들도 생겼다. 어찌 보면 그의 요리는 잘 회복하고 있다는 안부였고, 또 하나의 소통 창구였다.

맛도 좋고, 멋도 좋지만, 나는 하루 세 끼 요리에 내둘려 때론 지치기도 했다. 병간호에 신종 시집살이가 보태진 느낌을 지울 수 없었다. 어느 날은 밥을 먹다 나도 모르게 꾸벅꾸벅 졸았다. 물론 요리하는 그가 고맙지 않은 건 아니다. 집에서 한 끼도 먹지 않는 영식님과 사는 부인은 전생에 나라를 구했다고들 하던데 남편이 해 주는 요리를 꼬박 먹고 있는 나는 전생에 무슨 장한 일을 했던 걸까? 때론 웃픈 의문이 들기도 한다.

무엇보다 아픈 몸을 이끌고 요리에 몰두하는 환자를 이해하려 무진 애를 써야 했다. 마음이 시키는 대로, 얼굴이 벌게지도록 이것저것 만들다가 문득 지친 모습으로 소파에 널브러져 있는 그이를 보면 가슴이 철렁해진다. "힘들지?" 물으면 "가족을 위해 하는 건데 뭐가 힘들어?" 하면서도 "삼시 세끼 해 먹는 게 보통 일은 아닐세."라며 웃는다. 나는 몸보다 마음이 고달팠다. 그러다 문득 그의 먹거리에의 집착은 어쩌면 재생을 향한 강한 의지일지도 모른다는 생각이 들었다. 그러고 보면 살고자 하는 집념은 무섭도록 강한 것이었다.

응급실에서 치료하고 나오니 가운뎃손가락이 불룩해졌다. 욱신거린다며 손가락을 치켜드는데 마치 욕하는 형상을 연상케 했다. 설마 이 지경을 하고도 또 요리한다고 덤빌까? 채칼을 치우려는데 그예 미련이 남았는지 잘 두란다. 슬슬 화가 올라온다. 이 절묘한 순간을 놓칠 리 없는 그가 "내일은 마파두부 어때?" 묻는다. "아까 진료 기다리는 동안 레시피를 찾아두었어. 양념에 표고버섯과 양파도 좀 넣고, 두부 대신 부드러운 연두부를 살짝 올리고…. 내가 맛나게 해 줄게." 재미가 뚝뚝 떨어지는 표정, 어이가 없다. 누가 이이를 좀 말려주세요, 제발! 부탁해요….

## 2장
## 햇살의 줄탁

소나무 부자
녹보수에 꽃이 피면
엄마의 웃음
노랑 우산
우렁낭군
봉우리마다 희망!
그네 타기
햇살의 줄탁

## 소나무 부자

 소나무 우듬지가 바람결에 춤추고 있다. 노송 아래 어린 소나무들이 어미를 닮아 제법 의젓한 모양새다. 볼 때마다 기특하고 흐뭇하지만, 그때 일을 떠올리면 만감이 교차한다.

 "집에 불이 났으니 빨리 오시게!" 다급한 목소리로 전화한 이는 이웃한 절의 비구니 스님이었다. 모임에 참석 중이던 나는 옷도 제대로 꿰지 못하고 차를 몰았다. 골목에 꽉 들어찬 소방차들이 가슴을 후들거리게 했다.
 마당은 아수라장이었다. 양동이를 손에 든 스님이 이마의 땀을 훔치며 나를 반겼다. 매캐한 연기에 밖으로 나와 보니 시뻘건 불길이 어느 순간 우리 집 쪽을 향하고 있더란다. "119에 신고했지만, 마음은 급한데 소방차가 세상 와야지, 나도 모르게 달려가 막 물을 길어다 부었어." 스님은 어디서 그런 힘이 났는지 모르겠단다. 그 말씀이 마음을 울렸다. 덕분에 안채로 번지려는 불을 가까스로 잡을 수 있었다.

소방관은 담 너머 밭 주인이 병충해를 없애려고 놓은 불씨가 바람을 타고 삽시간에 산불로 번졌다고 했다. 화마에 마당의 나무들이며 잔디밭이 새까맣게 타버렸고 탄내가 진동했다. 스님은 멍하니 서 있는 나를 툭, 치며 마당 끝 소나무를 가리켰다.

아차! 아름드리 노송이 시꺼멓게 그을려 있는 게 아닌가! 곡선으로 휘어져 뻗어나가던 가지도 그만 부지깽이 끝처럼 새까맣게 변해 있었다. 나도 모르게 뜨거운 눈물이 흘러나왔다. 나는 달려가 나무를 끌어안았다.

처음 노송을 만난 건 시댁에 인사 왔을 때였다. 시내가 한눈에 내려다보이는 마당 끝에 우람한 소나무가 우뚝 서 있었다. 낭창낭창한 솔가지가 바람에 흔들렸다. 마치 내게 첫인사를 보내는 듯했다.

연탄을 가는 일은 온전히 며느리의 몫이어서 나는 새벽마다 방을 돌아다니며 무려 11장을 갈아야 했다. 일을 마치고 나면 어느새 어둠은 옷을 벗고 소나무 가지 사이로 북악산 붉은 해가 떠오르기 시작했다. 붉게 타오르는 노송은 내게 무언의 위로를 보내는 듯했다.

시집 생활에 어느 정도 적응되어 갈 무렵 친구들이 방문했다. 좁고 꾸불거리는 길을 오르며 투덜거리던 그녀들은 마당에 들어서는 순간, 일제히 소나무로 시선을 보냈다. "인제 보니 너 소나무 부자구나!" 하고 너스레를 떨었다. 소나무를 탐내며 다투어 사진을 찍었다. 고옥古屋은 소나무의 후광을 입고 있었다. 그 후 친구들은 소나무의 안부를 챙겼고, 서울 성곽이나, 북악스카이웨이를 지날 때면 거기서도 우리 집과 소나무가 보인다며 전화하거나 사진을 찍어 보내기도 했다.

소나무는 나와 각별한 사이였다. 말 못 할 사연이 생길 때마다 몰래 나무를 찾곤 했다. 속내를 털어놓고 눈물을 찍어내며 위로를 청했던 적이 한두 번이 아니었다. 소나무와 나는 석가모니와 가섭처럼 서로 마음을 주고받았다.

소나무는 엄밀히 말해 우리 소유가 아니었다. 소나무 줄기의 윗부분과 가지의 대부분은 우리 집 마당 안으로 뻗어있지만, 뿌리는 아랫집 뒤뜰에 두고 있었다. 그러나 나는 단 한 번도 그 나무가 우리 집 소나무가 아니라고 생각한 적이 없었다.

불을 먹은 나무는 고사한다고 했다. 아랫집은 주인이 자주 바뀌곤 했다. 근래 이사 온 주인과는 아직 일면식이 없었다. 외지로 나갔는지 어둠에 잠긴 아랫집을 바라보며 발을 동동 굴렀다. 소나무 살리는데 막걸리가 약이라는 말을 들었다. 나는 담 너머로 틈날 때마다 막걸리를 부어주었다.

어느 날 불에 탄 나뭇가지들이 우리 집 마당으로 툭툭, 떨어졌다. 가슴이 철렁 내려앉았다. 나무의 소생을 더는 믿지 않기로 했다. 노송의 극락왕생을 빌어야 했다.

다음 해 봄, 마당에 이상한 일이 벌어졌다. 신기하게도 바위 곳곳에 소나무들이 싹을 틔우고 있었다. 전에 없는 일이라 애지중지하게 되었다. 하나, 둘 늘어난 새싹은 어느새 열 그루를 넘어섰다. 바위에 자리 잡았는데도 쑥쑥 잘도 자랐다. 더욱 놀라운 일은 불에 타 죽은 줄 알았던 어미 소나무가 기적같이 되살아나고 있는 것이다. 까닭 없이 눈물이 핑 돌았다. 절체절명의 위기에도 생명을 이어가려는 자연의 섭리에 절로 고개가 숙여졌다. 졸지에 우리 집은 소나무 대가족이 되었다.

어미 소나무가 아기 소나무들을 굽어보고 있다. 어미에게 화답하듯 아기 소나무에서 손가락 같은 새 가지들이 뻗어 나왔다. 가지들이 엉켜있어 가지치기를 해 준다. 어미가 지켜보는 것 같아 조심스럽다. 성글어진 가지 사이로 바람이 지나간다. 마당 가득 초록이 넘실거린다. 나는 자연이 준 축복에 감사한다.

언제 왔는지 남편이 바위께로 다가선다. 투병 중인 그의 등이 앙상하다. 어린 소나무들을 쓰다듬다 어미 소나무를 올려다본다. 그도 나무도 어쩌면 견디는 중인지 모른다. 어미 소나무는 가지마다 새잎을 틔웠다. 소나무들을 바라보고 있는 남편의 눈 속에 반짝, 이슬이 맺힌다.

## 녹보수에 꽃이 피면

녹보수에 꽃이 피었다. 누렇게 변색 된 이파리들 사이에 나팔꽃 모양의 연두색 꽃이 숨어있다. 꽃이라 하기엔 촌색시처럼 수줍게 보인다. 향기도 없다. 건드리기만 해도 우수수 이파리를 떨구어 구석으로 퇴출당한 녹보수였다. 신기하기도 하고 미안하기도 해서 자꾸 눈길이 간다.

연전에 양재동 꽃시장을 찾았던 남편은 녹보수의 반들거리는 잎사귀에 매료되었다. 개업하는 사무실에나 어울릴 법한 큰 화분을 세 개나 집에 들였다. 베란다의 유리창을 밀고 들어온 햇빛이 나무에 쏟아졌다. 이름하여 '녹색의 보석' 나무다. 풍성한 녹색 물결은 병마에 지친 그이에게 푸르른 휴식을 주었다.

  11월 말, 때 이른 추위가 몰려왔다. 날씨 탓일까? 몸이 오슬오슬하고 숨결에 열감이 느껴졌다. 감기와는 왠지 느낌이 달랐다. 체온을 쟀다. 38.7도. 반사적으로 남편의 이마도 짚어보았다. 불덩어리다. 화들짝 놀란 나는 아픈데 왜 참고 있었냐며 잔소리를 해댔다. 항암치료에 비하면 아무것도 아닌데 호들갑은…. 하는 그이의 이마에 물수건을 올려주는데 나도 모르게 손이 떨렸다.

  급환이 찾아드는 건 공교롭게도 언제나 일요일이다. 코로나 시국에 발열 환자의 응급실행은 언감생심이다. 서둘러 백신 맞을 때 사다 두었던 해열제를 찾았다. 코로나19 확진자가 폭증하더니 연일 고공행진 중이다. 아스트라제네카 백신을 두 차례 맞았으니 괜찮겠지 했다가, 혹시 돌파 감염은 아닐까? '위드 코로나'에도 돌아다니지 않았는데 설마? 걱정이 꼬리를 물었다.

  다음 날 아침, 병원을 찾았다. 열이 있다고 하자 진료도 받지 못하고 쫓겨났다. 37.5도가 넘으면 무조건 선별진료소부터 찾으란다. 드라이브 스루 선별진료소를 검색하니 멀리 중랑구나 일산까지 가야 한다. 열기에 몸이 떨려 운전할 자신이 없었다. 만일의 사태가 염려되어 이웃에 사는 아들에게 데려다 달랠 수도 없었다. 마스크를 두 개씩이나 하고 다시 목도리로 감싼 후 염치 불고하고 마을버스를 탔다.

PCR 검사 후 24시간이 채 못 되어 우리 부부는 양성(확진) 판정을 받았다. 병상 배정 시까지 자택에서 대기하라는 문자가 왔다. 온몸이 욱신거리고 시도 때도 없이 졸음이 쏟아졌다.

그런 와중에도 남편 걱정부터 앞섰다. 위암 수술 후 혼자 병원에 다녀올 정도로 회복세를 타고 있던 그이에게 이 무슨 날벼락인가? 어이없게 발목 잡힌 심정이었다. 주변의 친구 중 코로나에 감염되었다는 말을 듣지 못했는데 무엇이 어떻게 잘못됐던 걸까? 하필 병이란 병은 왜 우리를 그냥 스쳐 지나치지 않는 건지 원망이 들었다.

연일 보도 되는 신규 확진자 숫자에 우리도 포함되었으리라. 무심히 흘렸던 코로나19 관련 뉴스가 내 일처럼 느껴졌다. 중증환자는 합병증으로 사망에 이르기도 하고 폐 손상으로 평생 고생한다는데…. 두려움이 커졌다.

보건소에서 전화가 왔다. 확진 이틀 전부터 현재까지 시간대별 동선과 접촉자 명단을 알려 달라고 했다. 감염경로가 궁금하긴 우리도 마찬가지였다. 확진 이틀 전부터 우리는 내내 집에 있었다. 추워서 산책도 하지 않았다. 아무리 생각해도 오리무중이었다.

다행히 나는 점차 열이 내렸고, 재택 치료 판정을 받았다. 협력병원의 간호사가 전화로 오전과 오후 두 차례 상태를 체크했다. 고립무원에서 솟아나는 샘물을 만난 듯 전화가 반갑고 고마웠다. 구청에서 배달된 재택 치료 키트도 받았다. 체온계, 산소포화도 검사기, 감기약, 해열제, 손 소독제, 폐기물 수거용 봉투 등이 들어있었다. 남편에게도 전화가 왔다. 고열이 지속되고 있는 그이는 병상 대기자가 되었다. 격리되어 홀로 치료받을 걸 생각하니 가슴이 저렸다.

그러나 그 후 아무런 연락이 없었다. 열에 들떠 잠 못 이루는 남편을 밤새워 지켜보았다. 기다리다 못해 보건소에 전화를 걸었다. 온종일 불통이었다. 그이에게는 약도 보내주지 않았다. 남편을 돌볼 사람은 오직 나 혼자였다. 뭘 어쩌라는 걸까? 이대로 두고 보아도 괜찮은 걸까? 불안이 엄습했다.

집안의 의견이 죽 끓듯 했다. 자식들의 전화가 반가우면서도 나는 조금씩 지쳐갔다. 119 구급대를 불러 병원으로 모시는 게 좋겠다며 아들이 채근했다. 뉴스 좀 보라고…. 구급차 타고 가도 받아주는 병원을 찾느라 고생한다는데…. 나도 환자야, 무서워 죽겠어. 말끝에 울컥 눈물이 났다.

병상 대기자가 급증해 곧 천여 명에 이르게 될 거라는 보도가 떴다. 그이도 필시 저 숫자 안에 들었으리라. 평생 세금 한 번 밀린 적 없건만 참, 복도 지지리 없는 양반이다. 내게 보내온 약을 우선 남편에게 먹였다. 열이 오르고 나서 약을 먹는 게 아니라 열 오르기 전에 시간 맞추어 복용하는 요령도 생겼다. 산소포화도 검사도 반복했다. 정상 범위보다 수치가 낮게 나오면 가슴이 졸아들었다.

　답답해 어쩌냐며 딸이 하루에도 열두 번 전화를 해댔다. 넷플릭스에 가입해 세간의 화제작인 「오징어 게임」이라도 보고 지내면 어떠냐고 권했다. 그이와 나는 딸의 엉뚱한 제안에 어이없어 하면서도 시키는 대로 했다. 드라마 보기는 다소 위안이 되었지만 제대로 눈에 들어오지 않았다. 아들과 며느리, 사위는 연일 문 앞에 먹거리나 타이레놀을 놓아두고 갔다. 닫힌 문 앞에서 동동거리는 자식들의 모습이 선하게 그려졌다.

　사실 나는 답답할 새가 없었다. 세끼 밥상에 간식까지 챙겨야 했다. 빈속에 약을 먹게 할 수는 없는 일이었다. 그이는 밥이 넘어가지 않는다며 숟가락을 놓곤 했다. 밥이 보약이라는 말이 실감 났다. 전에는 때마다 밥상 차리기가 고역이었는데, 이젠 뭘 먹어 보겠다는 남편의 말이 제일 듣기 좋았다.

　하루는 김치찌개를 끓이다 음식을 코 가까이에 가져가 보았다. 아무 냄새도 나지 않았다. 난생처음 겪는 무취의 경험이었다. 입안에 쓴맛이 돌아 음식의 간도 제대로 맞출 수 없었다. 냄새도 못 맡고 맛도 모르니 일상이 맹하게 느껴졌다. 입맛을 되살릴 음식을 찾느라 전전긍긍했다. 물만이 입에 맞았다. 우리 몸이 원초적으로 원하는 건 어쩌면 물일지도 모른다는 생각이 들었다.

격리되고 보니 섬에 유배라도 된 듯 사방이 적막하게 느껴졌다. 무심결에 녹보수를 바라보았다. 누렇게 변색되어 떨어진 이파리가 화분 아래 소복했다. 놀라 다가갔다. 언제부터 병이 든 걸까? 아픈 중에도 물주기를 거르지 않았는데 이 무슨 조화인가. 굳게 닫아 두었던 창문을 활짝 열었다. 코발트 빛 하늘, 남산의 서울타워, 그 뒤에 펼쳐진 관악산 자락이 한눈에 들어왔다. 코로나로 인해 자연은 환하게 웃고 있다 했던가? 창밖에 펼쳐진 청명한 날씨가 마음을 우울하게 했다.

문득 친정아버지가 쓰러지던 해에 골마지 앉은 간장을 퍼버린 일이 생각났다. 그 후 친정어머니는 장을 담그지 않았다. 시어머니가 위암 판정을 받았던 여름, 간장이 뒤집어지고 된장에 구더기가 들끓었던 기억도 떠올랐다. 시어머니는 집안에 우환이 오려면 장독이 먼저 안다고 했다. 그 일은 내게 트라우마로 남았다. 그런데 이번에는 잎사귀가 일시에 누렇게 변했다! 이 무슨 징조일까? 눈앞이 캄캄해졌다.

나는 한시바삐 녹보수를 그이의 눈앞에서 치웠다. 나무에 가려졌던 햇빛이 마루 깊숙이 들어왔다. 햇빛 세례에 마음이 다소 환해졌다. 그날 보건소에서 남편을 찾는 전화가 왔다. 모처의 생활치료센터에 병상이 배정되었단다. 곧 구급차를 보내겠다고 한다. 그간 남편의 열은 어지간히 진정되고 있었는데 이제 와 격리시설로 이동해야 한다니 당황스러웠다.

집에서 치료를 마무리하고 싶다고 하니 다시 열이 오를 수도 있다며 물러서지 않았다. 남편도 굽히지 않았다. 잠시 뜸을 들인 상담원은 증상이 악화가 되어도 기관에 책임을 묻지 않을 거냐고 물었다. 남편이 수긍했다. 그도 비로소 재택 치료자가 되었고 사흘 후 우리는 격리 해제 확인서를 받았다.

열은 내렸지만, 남편은 한동안 기력을 되찾지 못했다. 불면증이 도졌고 몸무게도 급격히 줄었다. 숨이 차서 산책길에 나서지 못했다. 의사는 폐에 염증 흔적이 보이나 심각하지 않으니 지켜보자고 한다. 시간이 치료제였다.

코로나로 몸 고생을 하는 동안 별별 생각이 다 들었다. 산다는 건 어쩌면 알 수 없는 함정을 조심조심 건너뛰는 일의 연속이 아닐까. 지나온 시간이 파노라마처럼 지나갔다. 삶의 여정에 코로나19는 생각지도 못한 질병이었다.

예상도 못 한 일이 또 나를 기다리고 있을지 모른다. 무얼 움켜쥐겠다고 그리 아등바등 살아왔던가. 세상사가 부질없게 느껴졌다. 생활의 집착에서 벗어나 코로나가 할퀴고 간 마음을 들여다보았다. 곁에 있는 그이의 존재가 새삼 크게 다가왔다. 우리가 함께할 시간은 얼마나 남아있는 걸까? 절박한 마음으로 남편을 바라본다. 코로나가 삶에 다른 의미를 부여하고 있었다.

녹보수 앞에 남편이 서 있다. 한참 꽃을 들여다본다. 녹보수에 꽃이 피면 좋은 일이 생긴다는데 정말 그러려나? 웃는다. 햇빛을 너무 봐서 잎사귀가 누레졌는지도 몰라…. 마른 잎들을 찬찬히 거둬낸다. 봄이 오면 예쁘게 다듬어줘야지. 하며 쓰다듬는 그이의 손에 다시금 힘이 실리고 있다.

# 엄마의 웃음

 남편이 입원하자 친우가 문병을 왔다. 헤어지며 너, 잘 웃었는데…. 네 얼굴에 표정이 없네. 많이 힘들지? 힘내! 내 등을 쓰다듬어 주었다. 새삼 거울을 들여다보았다. 헝클어진 머리카락, 충혈된 눈, 처진 입술, 내가 보기에도 낯설게 느껴졌다.
 거울에 비친 내 얼굴에 엄마의 걱정스런 표정이 겹쳐졌다. 나는 늘 엄마를 닮지 않았다고 생각했는데 웬일일까? 엄마처럼 짙은 쌍꺼풀도 없고, 마늘코도 아니었다. 한데, 뜯어볼수록 닮은꼴이 하나, 둘 늘더니 어느새 엄마와 판박이가 되어가고 있었다.

고등학교 2학년 가을이었다. 하교하고 집에 들어서자 마당의 빨래가 나를 맞았다. 밤을 배경으로 나부끼는 빨래는 괜스레 가슴을 철렁하게 했다. 언니 왔어? 부엌에서 동생들이 다투어 튀어나왔다. 니들이 왜 거기 있어? 가방을 던지고 들여다보니 아랫집 아주머니가 엄마 대신 저녁 밥상을 차려주고 있었다.

아버지가 근무 중 과로로 쓰러졌다는 연락을 받고 엄마는 부랴부랴 병원으로 달려갔단다. 당시 전화기가 없었던 우리 집은 인편으로 연락을 받았다. 도리 없이 엄마를 기다리며 가슴을 졸였다. 풀죽은 동생들을 보니 잠이 오지 않았다. 언니, 아부지 괜찮겠지? 훌쩍이는 동생들을 달래서 재웠다. 빨래를 걷고, 물을 길어다 설거지하고, 옷을 개켜두었다. 당장 내일 입고 갈 교복들을 손질하고 막냇동생 책가방도 들여다보았다. 일거리는 끝이 없었다. 엄마는 이 많은 일을 어찌 감당했을까?

밤새 아버지의 안위를 걱정하다 엄마가 오지 않자 덜컥 겁이 났다. 아버지가 일어나지 못하면 우리는 앞으로 어떻게 되는 걸까, 당장 내일 학교는 갈 수 있을까? 학업을 멈추고 동네 친구들처럼 가발 공장, 봉제 공장에 다녀야 할까? 온갖 이기적인 걱정이 고개를 들었다.

달그락거리는 소리에 화들짝 잠이 깼다. 엄마가 오셨나, 벌떡 일어나 부엌을 바라보니 삼십 촉 전구가 켜져 있었다. 이슬을 밟고 돌아온 엄마는 쉬지도 못하고 우렁각시처럼 도시락을 싸고 있었다. 목이 메어 멍하니 엄마를 바라보았다. 아버지는 어떻게 되었을까? 그 잠깐의 찰나가 백 년처럼 길게 느껴졌다.

나를 보자 엄마는 손을 덥석 잡으며 전에 없이 함박웃음을 지었다. 동생들 잘 돌봐주어 고맙네. 잘했다. 아버지는 괜찮아. 병원에 들어가신 김에 주사도 맞고 며칠 치료하면 일어나실 거야. 걱정하지 말아. 나는 가슴이 미어져 말이 나오지 않았다. 엄마는 내 어깨를 툭툭 쳐주었다.

평소 잘 웃지 않던 엄마였다. 크게 웃을 일이 생겨도 살짝 미소만 띠었다. 반면 아버지는 우스갯소리를 잘했다. 아버지의 농담에 우리 4남매가 웃다가 데굴데굴 굴러도 엄마는 별로 웃지 않았다. 오히려 실없는 소리 그만하라며 지청구를 날리셨다.

어린 시절 나는 늘 엄마의 웃음이 고팠다. 엄마가 얼굴을 펴지 않는 날이면 꼭 혼날 일이 생길 것 같아 괜스레 가슴이 두근두근했다. 어쩌다 엄마의 인색한 웃음이라도 만나는 날이면 마음에 봄바람이 일었다. 그런 엄마가 그 새벽, 유난히 환하게 웃고 계신 것이다!

엄마의 웃음에 걱정 길었던 지난밤이 하얗게 지워졌다. 울컥 눈물이 나왔다. 그런데 엄마는 언제 와? 어린아이처럼 물었다. 저녁에 밥 차려주러 올게. 엄마는 웃고 있는데 나는 가슴 한쪽이 아려왔다.

돌이켜보면 지금의 나보다 한참 젊었던 엄마다. 아직도 생의 고비마다 허둥지둥, 눈물 바람인 나를 돌아본다. 건장했던 가장의 급작스러운 병고가 청천벽력이었을 텐데 엄마는 어디서 그런 용기가 난 걸까? 이제야 우물 속처럼 깊었던 엄마의 심연을 들여다본다. 덕분에 우리 가족은 어려움을 딛고 앞으로 나갈 수 있었으리라.

엄마의 웃음은 내 인생의 나침반이었다. 삶이 가파른 언덕을 만날 때마다 나는 엄마를 찾았다. 괜찮아, 다 괜찮아질 거야. 걱정하지 마. 어깨를 툭툭 쳐주던 예의 웃음을 만나면 나도 모르게 마음이 놓였다.

웃음을 떠올리자 간절하게 엄마가 보고 싶어졌다. 거울을 들여다보며 엄마 흉내를 내 보았다. 웃다 보니 용기가 났다. 투병 중인 남편을 바라보았다. '괜찮다, 다 괜찮아질 거야. 걱정하지 마.' 엄마의 주문을 따라 해 본다. 거울 속 엄마가 미소를 보내고 있었다.

## 노랑 우산

추적추적 내리는 가을비에도 덕수궁 관람객이 많았다. 삼삼오오 앞서거니 뒤서거니 우산들이 걸어가고 있었다. 아이 몇, 물구덩이를 지나치지 않고 철퍽거린다. 장난기 가득한 얼굴에 웃음이 번졌다. 비 젖은 고궁에 이상스레 생기가 감돌았다.

덕수궁 미술관에 남편이 제작한, 88 서울 올림픽 공식 마스코트인 호돌이 포스터가 전시되었다는 소식을 딸과 친지를 통해 들었다. 차일피일 미루다 전시 마지막 날이 되어서야 나선 길이다. 얼마만의 덕수궁인가!

미술관에 「DNA: 한국미술 어제와 오늘」이라는 현수막이 걸려있었다. 전시장에는 겸재 정선의 「박연폭」, 단원 김홍도의 「경작풍속도 8풍 병풍」, 혜원 신윤복의 「미인도」, 이중섭의 「봄의 아동」, 김환기 작 「정원」 그리고 백남준의 「달은 가장 오래된 TV」 등등 아우라 넘치는 작품들이 연대별로 전시되어 있었다.

호랑이 민화들이 전시된 코너에 호돌이 포스터가 있었다. 포스터 하단에 있는 남편의 서명을 보자 가슴이 뭉클했다. 호돌이를 구상할 당시 그의 모습이 떠올랐다.

퇴근하고 돌아와 쉬지도 못하고, 3개월여 동안 앉은뱅이책상에 앉아 밤샘 작업을 했던 남편은 출품 후 이내 탈진하여 병원에 입원하였다. 첫아이 출산을 앞두었던 나는 정신이 아득했지만 내색하지 못했다. 남편의 작품이 당선작으로 내정되었다는 소식도 병원에서 들었다.

그러고 보니 호돌이가 탄생한 지도 벌써 40여 년이 넘었다. 남편은 호돌이 영감을 민화에서 얻었다 했다. 미술사를 면면하게 이어온 유서 깊은 작품들 사이에 호돌이를 등장시킨 아이디어가 신선하게 다가왔다.

미술관 관람을 마치고 남편과 나는 궁내 연못가 찻집을 찾았다. 주문한 차를 기다리는 동안 연못을 악기 삼아 두드리는 비의 연주에 눈과 귀를 모았다. 솔잎 끝에 송송 빗방울이 맺혔다. 빗방울이 연못 수면에 닿을 때마다 퐁퐁 물꽃이 피어올랐다.

피었다 지는 물꽃들을 완상하는 동안 까닭 없이 어깨를 짓눌러대던 우울감이 시나브로 녹아내렸다. 투병 중인 남편을 간호해 온 지난 3여 년의 고통이 거짓말처럼 씻겨나갔다. 미처 깨닫지 못했지만 나도 어지간히 지쳐있었나 보다. 무슨 생각을 끄집어내려면 자꾸만 머릿속이 하얘졌다. 누군가 일깨워주면 아! 그때 그랬지 한다. 고궁에 한가롭게 앉아 있는 지금, 이 순간이 마법처럼 느껴졌다.

무슨 생각을 하는 걸까? 남편을 슬쩍 훔쳐본다. 우수에 잠긴 모습, 처연하다. 그새 남편의 얼굴에는 전에 없이 깊은 골짜기가 패였다. 불쑥 세월 저편 추억의 장면들이 눈에 밟혀왔다.

결혼 전 그와 나는 자주 덕수궁 돌담길을 걸었다. 통금이 있던 시절, 퇴근 후 데이트 시간은 늘 빠듯했다. 회사에서 가까운 덕수궁을 즐겨 찾았고, 밤이 이슥하도록 궁의 돌담을 돌고 또 돌았다. "덕수궁 돌담길을 걸으면 헤어진다는데…." 그는 배시시 웃으며 내 손을 꼭 잡았다.

사내 커플이었던지라 동료들에게 알려질까 봐 전전긍긍했다. 어느 날인가 약속 시각을 한참 넘긴 뒤에도 그는 나타나지 않았다. 핸드폰도 없던 시절이라 컴컴해진 덕수궁 문 앞에 서서 하염없이 그를 기다렸다. 눈치채고 짓궂게 따라붙는 동료들을 따돌

리느라 늦었다는 그는 그러나 전혀 미안한 기색을 보이지 않았고, 오히려 무덤덤하게 나를 대했다. 나는 까닭 없이 복받치는 울음을 참아야 했다.

　일요일이면 덕수궁 벤치에 앉아 성공회 성당에서 울려 퍼지는 종소리를 들었다. 일에 지친 그는 벤치에 누워 잠이 들기도 했다. 무릎을 내준 나는 그의 환한 얼굴을 내려다보았다. 석조전 앞 정원에는 초가을 햇빛이 폭포처럼 쏟아져 내렸고, 노랑, 빨강, 하양, 자주 등등의 화초들이 색의 향연을 펼치고 있었다. 깊어진 가을날에는 구르몽의 시에 나오는 시몬이 되어 서성였다. 그렇게 우리는 덕수궁에서 사계를 맞고 보냈다.

　문득 그 시절 핑퐁처럼 경쾌하게 주고받았던 말들이 떠올랐다. 말의 드라이브가 네트에 걸릴 때마다 서로 서브 넣기에 바빴다. 그때만 해도 그는 재담이 넘치는 사내였다. 말의 샘에서 흘러나오는 농담은 늘 나를 유쾌하게 했다. 그런데 첫애가 유치원에 갈 무렵부터 부쩍 말수가 줄어들었고, 재치와 농담 대신 땀내 나는 생활의 말을 자주 건넸다. 남편의 배가 나오기 시작하면서부터는 말 대신 눈빛으로 의사를 주고받게 되었다. 그렇게 그이와 나는 40여 년을 살았다.

　노랑 우산을 함께 쓴 연인이 눈앞에 보이는 산책길을 걸어가고 있다. 몸을 빠져나간 마음이 노랑 우산을 뒤따른다. 저 오솔길 어딘가에서 탐스럽게 핀 모란을 본 기억이 떠오른다. 봄이 오면 모란꽃을 보러 가자고 수도 없이 약속했다. 약속은 번번이 빗나갔고, 이제는 까맣게 잊히고 만 추억이 되어버렸다. 꽃이 피면 핀다고, 지면 진다고 울컥하던 감정이 새삼스럽게 느껴진다.

내년 봄에는 모란꽃을 보러 오자고 남편에게 약속을 걸어본다. 대답 대신 그이가 웃는다. 사방에서 노랑 우산들이 팔랑거린다. 벌써부터 봄바람이 가슴에 일렁인다.

# 우렁낭군

 마을버스는 17분 후에나 올 예정이었다. 만원 지하철에서 빠져나온 이들이 어둑해지는 정류장을 서성였다. 남편을 생각하니 마음이 바빴다. 핸드폰을 들었다.
 "나, 지금 정류장이야." 기다렸다는 듯 남편이 얼른 말을 받았다. "응, 수고했어. 이때쯤 올 줄 알았어. 내가 뭐 해 놓은 줄 알아? 당신 좋아하는 된장찌개 보글보글 끓이는 중이야. 간고등어도 구워 두었어. 쌈 싸서 먹자. 집에 도착하는 시간에 딱 맞추어 차려 둘게. 얼른 와." 순간 나는 무슨 장한 일이라도 하고 온 듯 어깨가 으쓱해졌다.

불쑥 '요리하는 남자'가 로망이었던 시절이 떠올랐다. 어릴 적 이웃에 사는 급우가 '우리 아빠는 일요일마다 요리를 해준다'고 자랑했다. 우선 아버지를 아빠라고 부르는 것부터 부러웠다. 우리 아버지는 요리는커녕 밥상도 거들지 않았다. 호기심이 발동했다.

어느 날 놀러 가니 핸섬한 '아빠'가 연탄아궁이 앞에 쪼그리고 앉아 굵은 국수를 볶고 있었다. 빨간색 소스를 얹어주며 먹어보라고 했다. 이 요리 이름이 뭐야? 속삭였다. 친구도 잘 모른다고 했다. 저녁에 수선스럽게 아버지에게 떠벌렸다. 맛있었냐고 물었다. 근데 무슨 맛인지 모르겠어. 하니 환하게 웃으셨다. 라면이라도 끓여주랴? 하다가 어머니의 지청구를 들었다.

회사원 시절, 한 부서의 남자 직원들이 "김 과장님이 왜 여태 노총각 신세인지 모르겠어." 하며 수군대는 걸 들었다. 결혼하면 아내와 손잡고 시장에도 가고 요리도 함께하며 알콩달콩 잘 살 것 같지 않아? 하는데 귀가 쫑긋했다. 순간 잊혔던 로망이 되살아났다.

그러나 결혼 후 김 과장은 시장은커녕 부엌에도 얼씬하지 않았다. 아! 속았구나 싶었다. 명절날 산더미처럼 쌓인 그릇을 닦고 있었다. 얼핏 그가 부엌 옆을 지나치는가 싶더니 글쎄, 안방에 대고 왜 우리 마누라만 혼자 일하느냐고 소리를 지르는 게 아닌가. 방에서 시누이들이 우르르 쏟아져 나왔다. 도와주지 못하면 차라리 말이나 말지, 눈치를 살피면서도 염치없이 자꾸 솟는 웃음을 꾹꾹 눌러야 했다.

　남편은 요리하기보다 먹고 싶은 게 많은 이였다. 일요일에는 동이 트기도 전에 밀가루를 반죽해 칼국수를 끓였다. 시도 때도 없이 만두도 만들어야 했다. 분가하고도 그이는 본가의 음식을 고집했다. 말이 떨어지기 무섭게 뚝딱 상을 차려내던 시어머니를 흉내 내려다 부엌 귀신이 될 것 같았다. 휴일에도 '방콕'을 고집하던 그가 뜬금없이 '간단하게 김밥이나 해 먹자'고 했다. 나는 그만 폭발하고 말았다. 따지듯 어디 김밥 한번 간단하게 만들어보라고 했다. 그의 눈이 둥그레졌다.

　위암 발병 후 남편은 항암치료에 들어갔다. 다음 치료 때까지 잘 먹고 오라는데 먹을 수가 없었다. 그이는 필사적으로 TV '먹방' 프로에 몰입했다. 보고 있으면 절로 배부른 듯하단다. 대만 음식을 소개하는「스트리트 푸드 파이터」를 비롯해 일본의「고독한 미식가」까지 찾아보며 병이 나으면 꼭 현지에 가서 먹어 보겠다고 별렀다.

　회복기에 들어서자 그이는 눈으로 익혔던 요리들을 직접 해 보겠다고 나섰다. 당기는 대로 무엇이든 먹으라는 의사의 권고에 고무된 그는 자신의 입맛에 딱 맞게 만들어 먹겠다고 별렀다. 냉장고를 열고 무는? 양파는? 호박은? 하며 식재료들을 뒤졌다. 뻔히 눈앞에 있는데도, 우선 나부터 불러댔다. 참치액젓은? 레몬즙은? 레시피에 적힌 양념들을 다 대령해야 비로소 요리를 시작했다.

남편은 냄비를 태워 먹고 그릇들을 깨 먹었을 때마다 애먼 도구 탓을 했다. 그간 쓰지 않던 조리도구들이 다 불려나와 조리대가 그득해졌다. 그도 모자란지 신박한 기구들을 나 몰래 사들였다.

양념장을 묻혀대는 통에 옷이 남아날 리 없었다. 참다못해 앞치마를 입혔다. 조리대 사방에 얼룩이 튀고 양념이 찐득거렸다. 짜증이 올라왔다. 나는 요리의 완성은 설거지에 있다고 잔소리를 해댔다.

환자의 움직임을 그냥 지켜볼 수만은 없었다. 아들네, 딸네 몫까지 챙기느라 욕심껏 만들고는 소파에 쓰러지기 일쑤였다. 요리도 만만치 않네? 하며 허리를 두드렸다. 힘드니 그만두라고 했다. "괜찮아, 재미있으니까 하지." 새삼 몰입할 일이 있어 좋단다. 원래는 요리사가 되고 싶었다며 한술 더 뜬다.

그는 근래 들어 새로운 요리에 도전하고 있다. 회자하는 레시피에 자신의 맛을 가미하니 알록달록한 정체불명의 맛이 등장했다. 친구들은 복이 터졌다고 부러워했지만 정작 나는 시식하다 지쳐 버렸다.

그이의 집착을 지켜보다 어느 틈에 내 입맛을 당당하게 요구하는 나를 발견했다. 결혼 생활 내내 그의 입맛에 나를 맞추며 살아왔다는 걸 깨달았다. 잃었던 본래의 맛을 되찾기 시작했다. 나는 샌드위치보다 그냥 맨 식빵이 좋다고, 빵에 잼을 바르지 않겠다고, 기름을 많이 쓴 음식은 싫다고, 간을 심심하게 한 미역국을 좋아한다고, 매운 음식은 잘 못 먹겠다고 했다.

내가 안 하던 투정을 하자 그이는 어이없어했다. 뭐가 그렇게 까다롭냐며 투덜댔다. 싫으면 먹지 말라고, 혼자만 맛있게 먹겠다고 고집을 피우더니 기특하게도 내 입맛에 맞추어 음식을 만들기 시작했다. 양념을 이만큼만 넣으면 될까? 의중을 떠보기도 했다. 내가 숟가락을 들기 무섭게 어떠셔? 하고 묻는다. 내가 엄지를 들면 "그 봐, 내가 뭐랬어. 당신 취향에 딱 맞춘다고 했지? 어휴, 다행이다. 내가 이렇게 마눌님을 잘 모셔요." 하며 웃었다.

복도에까지 음식 냄새가 마중 나왔다. 현관문을 열었다. 앞치마를 두른 그이가 손에 뒤집개를 들고 뛰어나온다. "어서 와. 와서 봐!" 식탁으로 잡아끈다. "짜잔! 어떠셔?" 아니, 이게 몇 첩 반상인가?

'요리해 주는 내 남자'를 바라보았다. 우렁각시 아니, 우렁낭군이 따로 없다. 늘그막에 나는 비로소 어릴 적 로망을 이룬 셈이다!

### 봉우리마다 희망!

 따그르르륵… 공명이 아련하게 귀를 두드렸다. 북창을 활짝 열었다. 딱따구리 울음소리가 산을 흔들고 있었다.
 딱따구리 소리에 이끌려 산을 향했다. 눈을 이고 있는 겨울 산은 한 폭의 수묵화다. 산의 품에 드니 차가운 날씨에도 포근한 기운이 느껴졌다. 간격이 벌어진 나목의 가지 사이로 햇빛이 스몄다. 이파리들을 지상으로 내려 보낸 뒤, 앙상한 가지로 북풍한설을 견디고 있는 나무들을 바라보자니 불현듯 옛날이 쳐들어 왔다.

남편은 결혼 전부터 불면증으로 고생했다. 증세는 아이들이 크도록 가라앉지 않았다. 좋다는 영양제도, 온갖 식이요법도 심지어 수면제도 효과가 없었다. 구원은 산으로부터 왔다. 북한산 밑으로 이사 한 후 남편은 작심한 듯 매일 새벽 산행에 나섰다. 비가 내려도 수행자처럼 산에 올랐다. 그렇게 걷기를 백일, 마침내 남편은 불면증에서 벗어날 수 있었다. '산은 내 생명의 은인이야!' 남편은 산에 감사했다.

그의 권유로 나도 산에 올랐다. 하루는 바위가 길게 이어진 칼바위 정상에 다다랐다. 넓은 숲이 눈 아래 융단처럼 펼쳐졌다. 세찬 바람이 머리카락을 마구 흩뜨렸다. 머릿속이 텅 빈 듯했다. 끈덕지게 따라붙던 편두통이 언제 그랬냐는 듯 사라졌다. 남편이 빙그레 웃으며 '머릿속의 바람'이라는 닉네임을 지어주었다.

우리는 냉골에서 약수를 길어왔다. 냉골은 마당 바위를 지나 범골을 지나쳐 더 올라가야 나오는, 골짜기 깊숙한 곳을 일컫는다. 이름처럼 여름에도 선선한 기운이 감돈다. 건강이 산을 타고 내려오는 느낌이 들었다.

산행하며 나와 만나는 시간이 늘어났다. 글감을 얻어오기도 했다. 산에 대고 주절거리는 버릇이 생겼다. 무슨 이야기든 다 들어주는 친구가 생긴 듯 든든했다.

남편의 사업이 안정기에 올라섰다. 앞만 보고 달려왔던 그가 한시름 놓는 듯싶었다. '열심히 일한 당신 떠나라'고 했던가. 그간 밀어두었던 여행을 계획했다. 그러나 부풀던 마음도 잠시, 한순간에 남편의 사업이 곤두박질치기 시작했다. 그래서였는지 남편의 산에 대한 애착은 갈수록 심해졌다. 새벽이면 오래된 버릇처럼 어김없이 등산화를 신었다. 새벽 산행도 성에 차지 않는지 저녁에도 다녀왔다.

정신이 혼미하고 다리가 후들거렸지만 나는 열 일 제치고 무조건 남편을 따라나섰다. 괴로워하는 그이를 혼자 보낼 수는 없는 일이었다. 산을 오르며 우리는 끝도 없는 의논을 주고받았다. 그렇다고 뾰족한 수가 생겨날 리 만무했다.

산을 오르며 우리는 아픈 짐승이 된 것처럼 산이 내보내는 바람 소리에 귀를 기울이고, 마음에 난 상처를 스스로 위무하며 시간이 어서 지나가길 바랐다. 하산할 때는 산봉우리마다 희망을 걸어보기도 했다.

다행히 그이의 사업이 회생의 기미를 보이기 시작했다. "산이 없었다면 나는 폐인이 되고 말았을 거야!" 남편의 말에 힘이 실렸다. 나는 산의 기운을 찰떡처럼 믿기로 했다. 그이와 보폭을 같이하고, 조곤조곤 이야기를 나누고, 도시락을 까먹고, '도토리 카페'에서 커피 한 잔 마시고 오는 게 일상이 되어갔다.

암 발병 후 남편은 산행을 멈추었다. 항암치료 후 수술, 또 항암치료가 이어졌다. 그이는 데크가 깔린 자락길을 산책하는 것조차 힘겨워했다. '저기 벤치까지만 걸어가 보자.' 내 말에 원망스러운 눈길을 보내며 가쁜 숨을 몰아쉬었다. 함께 걷다 산을 올려다보면 검은 하늘이 내려왔다. 구름이 온통 나를 향해 쏟아져 내릴 것만 같았다. 또 다른 고난을 예비하고 있는 양 무서웠다. 산에 오를 엄두가 나지 않았다.

그는 한사코 부축을 마다했다. 어느 날부터인가 점점 쉬는 횟수가 줄어들기 시작했다. 흙빛 얼굴이 조금씩 환해졌다. 나는 그이의 뒤를 따라 걸었다. 힘들어하면 따라 쉬었다. 함께 하고 싶었던 일이 얼마나 많았던가? 그때는 내일이 아주 멀리, 새털처럼 많을 줄 알았다. 뒤로 미루었던 일들이 뼈아픈 후회로 남았다.

있다가도 없고, 없다가도 있는 것이 희망이라고 했던가. 그냥 그이가 내 곁에 있는 것만으로, 함께 걷고 있는 것만으로도 감사했다. 남편이 북한산 자락길 620미터를 완주하는 데에는 꼬박 일 년여가 걸렸다.

마침내 우리는 칼바위에 다시 올랐다. 소나무가 반가운지 우듬지에 인 눈가루를 날려댔다. 칼바위는 변함없이 그 모습 그대로였다. 내 사정은 모른다는 듯 산은 시치미를 떼었다. 미세 먼지 없이 시계가 해맑았다. 보온병에 담아온 차를 마시며 청아한 산을 바라보았다. 문득 남편이 '내 생애 이 광경을 몇 번이나 더 볼 수 있을까?' 혼잣말을 했다.

구름 한 점 없는 하늘에는 희미하게 낮달이 떠 있었다. 귀의 형상을 닮은 낮달이 마치 우리의 이야기를 엿듣는 양했다. "산이 있는데 무슨 걱정이야? 안 그래요?" 내 말에 그이의 얼굴에 미소가 산그늘처럼 번지고 있었다.

## 그네 타기

 인터넷 세상이 미로 같다. 로그인하려고 늘 쓰던 아이디를 입력했는데 틀리단다. 기억나는 아이디를 동원해 보았다. 접속되지 않는다. 아이디 찾기를 클릭하니 생각지도 못한 조합이 화면에 떴다.
 이번에는 비밀번호가 틀렸단다. 사용하고 있는 모든 번호를 시도해 보았으나 접속에 실패하고 말았다. 주민등록번호, 전화번호로 찾기에 들어갔다. 아뿔싸! 이미 다른 사람이 등록한 번호란다. 내가 본인이 아니라니 난감했다.
 오늘내일 시급하게 해결해야 할 일이었다. 약점이라도 잡았는지 인터넷은 온갖 변덕을 부려댔다. 등짝에 식은땀이 흘렀다.

남편이 아직 멀었냐며 독려하고 나섰지만, 점차 어투에 짜증이 섞였다. 그는 방과 거실을 오가며 통신사를 탓했다가, 인터넷 세상을 탓했다가, 급기야 덜렁대는 나를 탓하며 구시렁거렸다.

남편은 기계치다. 손에 가시라도 돋쳤는지 그가 만지는 족족 전자 제품들은 이상하게도 고장을 일으키거나 작동되지 않았다. 지금도 그가 할 일을 대신하고 있었다. 그렇지 않아도 날이 더워 불쾌지수가 상승세인데 남편의 지청구까지 더해지자, 순간 머릿속이 뜨거워졌다. 나도 모르게 속사포처럼 그를 쏘아대기 시작했다.

"세금을 내는 것은 고사하고 ATM기도 사용할 줄 모르면 어쩌라고? 인터넷으로 신고하는 것도 내가 대신하고, 제출할 서류들도 다 내가 준비하고… 게다가 당신이 고장 낸 기계들은 매번 누가 고쳐왔냐고? 마누라를 비서로 두지 않고서야 이럴 수는 없는 일이지!"

말하다 보니 선을 넘고 말았다. 그는 어리둥절한 표정으로 나를 바라보았다. "마누라, 나이 들어가며 점점 더 무서워지고 있어…." 그이는 귓불을 붉게 물들이며 묵묵히 앉아 있었다.

계면쩍어진 나는 그를 슬쩍 훔쳐보다. 얼마 전 영화 「퍼펙트 데이즈」(빔 벤더스 감독, 야쿠쇼 코지 주연)를 보고 영화관을 나서던 남편의 모습이 떠올랐다. 그날 그의 얼굴은 마치 다른 세상을 다녀온 듯했다.

　영화는 도쿄 시부야의 공중화장실 청소부인 주인공 히라야마의 순환 반복되는 일상을 담고 있다. 그의 하루는 다다미방에서 이불을 개키는 것으로 시작된다. 낡은 차를 운전하며 올드 팝이 담긴 카세트테이프를 재생하여 듣는다.
　밤새 더러워진 화장실을 변기의 밑까지 거울로 비춰 보면서 지나치다 싶을 정도로 정성을 다해 청소를 한다. 신사의 벤치에 앉아 편의점 샌드위치로 점심을 때우며, 볕뉘(흔들리는 나뭇잎 사이로 일렁이는 햇살)를 필름 카메라로 찍는다.
　퇴근 후에는 동네 대중탕에서 씻고, 자전거를 타고 단골 식당에 가서 술을 마시고, 헌책방에서 사들인 책을 읽다 잠이 든다. 아날로그 감성으로 살아가는 주인공의 얼굴에 미소가 번진다.
　어느 날, 가출한 조카딸 니코가 찾아오면서 그의 삶에 미세한 변화가 일어난다. 니코는 '삼촌은 우리와는 다른 세계에 살고 있는 사람'이라고 들었다 한다. 니코와 자전거를 타며 히라야마는 '나중은 나중이고, 지금은 지금'이라고 노래하듯 말한다. 운전사가 딸린 고급 승용차를 타고 딸을 데리러 온 여동생이 아버지와의 화해를 간곡하게 권하자, 그는 말없이 눈물짓는다.

다시 담담한 일상으로 복귀한 그는 출근에 나서며 평소와 같이 얼굴에 미소를 띠는데, 느닷없이 눈물이 흐르기 시작한다. 그럼에도 웃으려 애쓰는 주인공의 표정이 클로즈업된다. 마치 '지금 나는 행복한가?' 묻는 듯하다. 엔딩 크레딧이 올라간다.

영화 어땠어? 묻자, 각자 처한 상황에 따라 다르게 느끼겠지만… 나는 좋았어! 하며 남편은 말을 아꼈다. 영화를 보는 내내 지루하기 그지없었던 나와는 달리 그이는 왜 영화에 몰입했던 걸까. 혹시나 주인공과 자신을 동일시하여 자발적 가출을 꿈꾸고 있는 건 아닐까? 하는 생각이 가슴을 찔러댔다. TV 채널을 돌릴 때마다 내 눈치를 보며 「나는 자연인이다」란 예능프로에 눈이 머물곤 했던 그이였다. 어쩌면 남편은 나에게도 말 못 할 어려움을 숨기고 있을지도 모를 일이다.

평생 일중독에 빠져 살았던 그였다. 가장의 무게는 만만치 않았다. 나는 그것이 못내 안쓰럽고 안타까웠다. 하지만 집안에 분쟁이 생기면 남의 편으로 돌변하는 그이 때문에 때론 힘들고 외로웠다. 설마 그도 일탈의 욕망을 감추고 있는 건 아닐는지. 그의 얼굴에 불쑥 우수가 스치는 듯했다.

남편에게 괜한 잔소리를 했나, 하는 자책감이 들었다. 저녁에 산책을 권했다. 숲속 그네들이 바람에 흔들리고 있었다. 저기 앞

앉다 갈까? 그이가 그네를 가리켰다.

남편은 충직한 하인이 되어 내가 앉은 그네를 밀어주었다. 미안하기도 하고 한편 달콤하기도 했다. 남편이 병을 앓고부터 나는 자발적으로 그를 그네에 태우고 밀어주곤 했다. 무거운 짐도 내가 들고, 멀리 다녀오는 심부름도, 그가 해결해야 하는 일도 도맡아 했다. 그러나 그건 어쩌면 나의 자만이었는지도 모른다. 긴 상을 함께 들고 한 발 한 발 조심스럽게 걷는 게 부부라고 했던가! 과부하에 걸려 마음에도 없는 소리를 할 바에는 안 하느니만 못했다. 그런 나를 지켜보는 그이도 편치 않았으리라.

그네를 멈춰 세우고 나는 그의 손을 잡아끌었다. 나란히 앉아 박자를 맞추며 함께 그네를 탔다. 어느새 그네에 신바람이 실렸다. 남편이 하늘을 가리켰다. 한 쌍의 기러기가 구름을 밀며 날고 있었다. 키 큰 잣나무 사이로 청량한 바람이 불어왔다. 청설모들이 휘리릭 가지 사이를 날아다녔다. 산등성이를 붉게 물들이며 지는 노을을 우리는 오랫동안 함께 바라보고 있었다.

## 햇살의 줄탁

북악산 위로 아침 해가 빼꼼 고개를 내민다. 마당 데크 위 부겐빌레아에 햇살이 내려앉는다. 햇살의 줄탁! 가녀린 가지에서 갓 태어난 이파리가 꼬물거린다. 주홍빛 꽃다발이 휘청인다.

본시 이 부겐빌레아는 아파트 남향 베란다에 놓여 있었다. 산책길에 노점상에서 남편이 사들인 것이다. 그때는 꽃 색깔이 분홍이었다. 꽃 덩이가 집 안을 환하게 했다. 그러나 얼마 지나지 않아 잎과 꽃이 하늘하늘 지기 시작했다. 마른 꽃잎이 화분 주위에 낭자했다.

웬일인가 싶어 화초 영양제에 쌀뜨물까지 주며 정성을 들였다. 물을 주다 화분을 살짝 건드린 적이 있었다. 그 서슬에 그만 남아있던 이파리들마저 우수수 떨어졌다. 남편이 실망할까 봐 돌아보았다. 눈을 끔뻑이는 양이 그냥 놔두라는 눈치였다.

나는 마음이 편치 않은 걸 감추려고 일부러 없애버리자, 다른 걸 심어야겠다, 죽었는데 물은 주어 뭘 하냐며 투덜대었다. 내 지청구를 알아듣기라도 한 양 마른 가지에 이파리 하나가 쏙 얼굴을 내밀었다. '나, 아직 살아있어요' 메시지를 보내는 듯했다. 그렇게 하나둘 돋아난 이파리가 제법 무성할 무렵, 가지 끝에 연분홍 꽃이 다시 모습을 드러냈다. 자주 눈길을 주던 남편은 무슨 좋은 일이라도 생기려나 하는 기대를 내비쳤다.

눈에 잘 띄는 곳으로 화분을 옮기고 돌보았다. 한데 얼마 지나지 않아 꽃잎들이 종잇장처럼 떨어져 내렸고 다시 앙상한 가지를 드러냈다. 얼른 떨어진 꽃잎을 쓸어 모으며 이젠 내다 두어도 누가 가져가지도 않을 거야 중얼거렸다. 말이 끝나기 무섭게 다시 쏘옥 이파리를 내보내는 부겐빌레아! 녀석과의 줄다리기는 계속되었다. 남편의 병세도 좋아졌다 나빠지기를 반복했다.

그이가 급격히 쇠약한 기색을 드러냈을 때 문득 본가가 떠올랐다. 셋집으로 전전하던 시절, 시아버지는 당신의 문패가 달린 집에서 살다 가길 소원하셨다. 당시 노총각이었던 남편은 빚을 끌어모아 인왕산 마루에 집을 마련했다. 아버님은 기적처럼 건강을 회복하였고 그 집에서 무려 32년을 더 사셨다.

시부모와 함께 살았던 집은 두 분을 여읜 후 빈집이 되었다. 산꼭대기의 집은 50여 개의 계단을 올라야 비로소 대문이 나타난다. 그이는 생각만으로도 숨이 차다며 손사래를 쳤다. 그러나 볕 바른 마당이 자꾸 손짓을 해댔다. 우리도 올라가 딱 32년만 살아봅시다! 남편을 부추겼다.

본가의 햇빛은 예상보다 일조량이 넘쳐났다. 햇빛에 노출된 물건들은 바래지고 삭아져 있었다. 잔디밭에 앉아 우후죽순처럼 자라난 잡초를 뽑았다. 등에 따가운 빛이 내려앉았지만 웬일인지 피하고 싶지 않았다.

햇빛은 태양에서 나오는 전자기파다. 빛의 속도는 초당 약 30만 킬로미터이고 태양은 지구로부터 1억 4천 9백만 킬로미터 정도 떨어져 있다. 따라서 태양광이 지구에 도달하는 데 걸리는 시간은 약 8분 20초이다. 그러니까 8분여 전에 태양을 떠난 빛이 마당에 수많은 화살처럼 내리 꽂히고 있는 것이다. 찬란한 빛에 눈이 멀 것 같았다. 문득 빛바랜 사연들이 곳곳에서 고개를 들었다.

추웠던 시절 이 마당을 얼마나 맴돌았던가. 엄마를 떠나 철모르고 시작한 시집살이였다. 혼내는 시어머니보다 말리는 시누이가 더 무서운 세월이었다. 젖은 빨래를 마당에 내걸며 나는 해바라기가 되곤 했다. 따가운 햇살이 나를 하얗게 산화시켰다. 바람에 나부끼는 빨래처럼 고단한 마음도 서서히 마르곤 했다. 그때의 숨결이 아직도 마당 구석 어딘가에 배어 있는지도 모른다.

광활한 우주로부터 달려온 빛이 내게 무차별적인 세례를 퍼부어댔다. 응어리져있던 오랜 우울감이 서서히 풀려나갔다. 햇빛이 구원의 손길처럼 느껴졌다. 날것의 빛을 두 팔 벌려 기꺼이 맞이한다. 괜찮다, 그리고 다 괜찮았다…. 어느새 나를 위무하는 마음이 들었다.

이사 올 때 가져온 화초들도 한껏 기지개를 켜고 있었다. 한 달여 노천을 견뎌낸 커피나무, 레몬나무에 새잎이 돋아나기 시작했다. 화분의 동백나무를 땅에 옮겨 심었다. 동사한 줄 알았던 꽃봉오리가 마침내 활짝 꽃잎을 열었다.

부겐빌레아는 나목 흉내를 걷어냈다. 두껍고 싱싱한 이파리가 촘촘하게 솟아났다. 가지 끝에는 가녀린 분홍빛 대신 주홍빛 꽃들이 피어났다. 열정, 사랑이라는 꽃말에 화답하듯 나날이 고혹적인 모습을 갖추어갔다.

햇살의 줄탁

식물은 흙, 물, 빛이 있으면 산다고 했다. 아파트에 사는 동안 나는 화분에 물을 준다, 달걀껍데기를 올려놓는다, 거름흙을 북돋아 준다, 영양제를 꼽아준다, 볕이 긴 곳으로 옮겨 주는 등 부산을 떨어왔다. 시들거나 병이 들면 속을 끓이며 사람을 대하듯 온갖 변덕을 부리곤 했다.

그렇다! 지나고 보니 과잉이 원인이었다. 조급한 마음에 쏟아부은 과도한 애정이 녀석들을 숨 막히게 했을지도 모른다. 자연은 나의 과오에서 벗어난 녀석들을 조용히 쓰다듬고 찬찬히 돌보았다. 햇빛의 밀어를 순순하게 받아들이고 있는 녀석들은 이제 더는 온실의 화초가 아니었다. 그들만의 은밀한 잔치에 나는 한 일도 없이 선물을 받게 되었다.

햇살은 남편을 수시로 일으켰다. 그이는 무심한 표정으로 앞산을 바라보곤 했다. 보고 또 봐도 물리지 않는단다. 충만한 햇볕이 그이 곁에 고요히 내려앉았다. 나도 곁에 앉아 같은 곳을 바라보았다.

오래도록 나는 두고 온 마당을 그리워했다. 쇠락한 집은 웬일인지 나날이 햇빛 부자가 되어가고 있었다. 어디에도 없는 그 찰진 볕이 그리워 시도 때도 없이 아파트를 서성이기도 했다. 돌고 돌아 비로소 마음의 고향에 정착한 나는 이제 어두웠던 생각을 햇빛에 널어 말리고 있다. 어쩌면 이 광경을 다시 보고 싶었는지도 모른다. '내 인생의 봄날은 언제나 지금'이라는 말이 떠올랐다. 이에 더 바랄 것도 보탤 것도 없었다.

남편은 툭하면 부겐빌레아를 들여다보았다. 아파트에선 피어나기 무섭게 져버리고 말았던 종이꽃이었다. 마당에는 거센 바람이 불고 세찬 비가 내렸다. 때 이른 천둥이 멀리서 우르르 울고 가기도 했다. 쏟아지는 햇살을 받아들이며 하루하루 더 탐스럽게 자태를 뽐내고 있는 꽃을 보며 그이의 뺨에 모처럼 화색이 돌았다.

부겐빌레아의 진분홍 포엽들이 한껏 유혹의 수위를 높이는 사이, 중앙에 돋아난 하얀색 진짜 꽃들이 벙글어졌다. 그야말로 꽃 속의 꽃이다. 화사한 외양에 못지않게 알찬 내면을 두루 다 갖춘 셈이다. 진眞 꽃의 개화 소식을 들었는지 나풀나풀 흰 나비가 다녀가고 까닥까닥 노란 딱새도 놀러 왔다. 나는 그들의 연애 노름을 몰래 지켜보고 있다. 부겐빌레아는 때때로 내게 말을 걸어오고 있다. 나는 오늘도 경청해 마지않는다.

# 3장
## 나의 내비게이션

내가 복이 많아요
소나기
비움
No problem
한여름 밤의 떼창
글의 힘
美쳤다고?
나의 내비게이션
손맛
말 한마디

## 내가 복이 많아요

 손주들이 썰물처럼 빠져나가니 마음이 몹시 허전하다. 유리창에 고사리 같은 손가락들이 무수히 찍혀 있다. 손자국들이 서로를 포옹하듯 다정하게 포개져 있다. 마당을 내다보며 유리창을 두드리던 손자, 손녀의 환한 얼굴이 떠오른다. 까르륵 웃음소리가 손바닥 무늬에 배어있다.
 자식들이 출가해 일가를 이루니 숙제를 다 한 듯 뿌듯하다. 하지만 나에겐 이상한 버릇이 하나 생겼다. 딸과 사위, 아들과 며느리의 표정을 무심결에 살핀다. 잘 웃지 않거나 눈길을 피하면 걱정이 움튼다. 무슨 말 못 할 사연이 생긴 건 아닐까? 육아

에 지쳐 그러나? 다툰 건 아닐까? 내가 무슨 서운한 말을 했을까…. 괜스레 가슴을 졸인다. 문득 아이들이 남긴 손자국들 너머로 시아버지 얼굴이 불쑥 떠오른다.

아버님을 처음 뵌 건 김 과장이 제작팀 전원을 집으로 초대한 날이었다. 마당에서 경치를 둘러보고 있는데 불쑥 "유 천사가 누구요?" 묻는 소리가 들렸다. 돌아보니 거실 창문 안쪽에 한 어르신이 서 있었다. 훤한 이마에 부리부리한 눈매, 은발을 길게 늘어뜨린 모습이 마치 도인처럼 보였다. 김 과장이 당황하며 나를 소개를 했다. 아들이 사무실에 천사가 있다고 하더라니…. 하며 엷은 미소를 머금었다. 모시 적삼이 인상적이었다. 아버님과 첫인사를 하고 일 년여 후 나는 그 집 며느리가 되었다.

아버님은 나의 든든한 후원자였다. 새벽같이 일어나 마루를 닦는 나를 며칠 지켜보더니 깨끗한 데 무에 그리 매일 닦으라 하노? 말씀을 툭, 건넸다. 당황한 시어머니는 어디 내가 시켜서 하는 일인가요? 하며 퉁을 준다. 문풍지 사이로 들려오는 말에 참견할 수도 없고 난감해서 서성이던 기억이 떠오른다.

내가 첫 아이를 출산하러 간 사이 아버님은 방학하고 온 손녀들과 집을 지켰다. 다람쥐가 창고에 숨어들었다며 손녀들이 호들갑을 떨었다. 상서로운 일이라 생각하여 다람쥐가 빠져나갈 때까지 조용히 하라고 주의를 주었다. 손녀만 내리 다섯을 본 터라 은근 손자 소식을 기다렸다. 숙모가 낳을 아기가 딸일까 아들일까? 손녀들에게 물었다. 이구동성으로 딸이요 했다가 단체 기합을 받았단다. 기대와는 달리 나는 딸을 낳았다. 나도 모르게 눈치를 보았으나 서운한 기색을 보이지 않으셨다.

아기가 잠을 쉬이 못 이루면 손수 안고 자장가를 불러주셨다. 울며 보채던 아기는 할아버지 품이 포근한지 새근거리며 잠이 들었다. 이 녀석 잠자는 모습 좀 보아. 천사 같네! 곁에 있던 어머니가 피는 못 속인다더니 영락없이 당신을 닮았어요, 화답하자 아버님 입꼬리가 살짝 올라갔다. 볕 좋은 날에는 아까시 꽃으로 손수 화관을 만들어 씌워주었고, 첫걸음마를 떼자마자 무에 그리 급한지 세발자전거부터 사들이셨다.

둘째로 아들을 낳자, 아버님 얼굴에는 싱글벙글 웃음꽃이 지지 않았다. 이마에 패인 골짜기가 숯불 다리미 지나간 옥양목처럼 펴졌다. 아기가 오줌을 누다가 할아버지 발등을 적셨다. 호들갑 떠는 시누이들에게 오줌발 죽는다, 조용히 하라고 눈 꾸지람을 했다. 손녀들이 안기를 다투면 아기 다친다고 호령을 내렸다.

아버님은 하루 세 번 커피를 청했다. 티스푼으로 커피 하나, 프림 둘, 설탕 두 스푼이면 황금비율이 된다. 커피를 들고 아버님 옆에 앉았다. 무슨 생각 하고 계셨어요? 여쭈니 아무 생각도 안 했다, 하신다. 사업 실패 후 실의에 빠진 아버지를 위해 남편은 부암동에 집을 마련했다. 비록 수돗물도 시간 맞추어 나오는 집일 망정 서서히 안정을 되찾으셨다. 서울의 근경이 한눈에 내려다보이는 집이었다. 종종 풍경을 담으시며 지난 일들을 잊는 듯했다.

집착을 내려놓으니 걱정이 덜어지더구나. 아범이 고생 많구나. 아버님의 시선을 따라 창밖에 펼쳐진 북한산을 바라보았다. 비봉, 사모바위, 보현봉으로 이어지는 산등성이가 마치 사람의 모습처럼 보였다. 문득 돌아보니 아버님의 얼굴에도 산이 어려 있었다.

어느 해 봄, 아버님이 친정아버지를 집으로 초대했다. 어멈이 우리 집에 들어온 후 하루하루 신간이 펴지니 내가 복이 많아요. 우리 자주 봅시다. 아버님이 덕담을 건넸다. 취향이 비슷한 두 분은 서로 의기투합하는 일이 많아졌고 동기간처럼 우애가 깊었다.

나는 아버님이 우는 걸 딱 한 번 보았다. 둘째 시누이의 남편이 암 투병 끝에 삼십 대 젊은 나이에 세상을 떠났다. 장례식장을 찾은 아버님이 딸의 손을 붙잡더니 차마 한마디도 못 하고 흐느끼셨다. 지켜보던 우리도 울컥하여 따라 울었다.

딸아이가 자라서 유치원 들어갈 나이가 되었다. 시고모님은 우리 집에 올 때마다 유치원도 없는 동네에서 손녀를 촌년 만들 거유? 하며 당신 일 인양 채근했다. 마음이 상한 시부모님은 분가를 허락했다. 정릉으로 분가한 후 일주일 만에 본가를 찾았다. 아버님이 내 얼굴을 들여다보았다. "밝아졌구나, 됐다!" 얼굴에는 흡족한 미소가 번졌다. 속마음을 들킨 듯하여 볼이 화끈거렸다.

분가한 지 일주일/ 환해진 내 얼굴// 시아버님/ 놓치지 않았다// 어깨를 두드려준/ 목소리// 그리워/ 가끔/ 돌아본다// 지금/ 내 모습 보고도/ 됐다/ 하실까

— 졸시, 「됐다」 전문

서른 해가 꿈결처럼 지났다. 그해 겨울 아버님이 혼수상태에 빠졌다. 그렁그렁 가래 끓는 소리가 그치지 않았다. 집에서 임종을 모시자고 가족들과 약속했지만, 까닭 없이 마음이 급하고 불안해졌다. 시계는 새벽 세 시를 가리키고 있었다. 아버님 병원에 가실까요? 하자 눈을 번쩍 뜨고 나를 바라보셨다. 몇 번을 물어도 물끄러미 나만 보았다. 눈에는 슬픔이 가득 고여 있었다.

치매를 앓고 있던 어머니가 잠시 정신이 돌아왔는지 네 말을 들으니 마음이 놓이는가 보다, 병원으로 모시자고 하였다. 서둘

러 119 구급대를 불렀다. 응급처치하고 집으로 돌아오신 아버님은 사흘 후 평안하게 숨을 거두었다.

손주들이 찍어 놓은 손자국을 다시 들여다본다. 내가 바라는 게 무엇 있으랴. 자식들의 환한 얼굴, 그거 하나면 되었다. "내가 복이 많지, 됐다!" 그날의 말씀이 귓가에 쟁쟁하다.

## 소나기

중학교 1학년 국어 시간에 「나의 미래」라는 제목의 글짓기 숙제가 있었다. 나의 발표 차례가 되었다. "나는 커서 무엇이 될까? 생각하면 해골이 복잡합니다." 첫 문장을 읽자마자 선생님은 폭소를 터뜨리며 비속어는 가급적 쓰지 않는 게 좋다고 했다. 나는 당황하여 얼결에 읽어나갔다. 읽기를 마치자, 선생님은 교탁에 두고 가라고 했다. 돌아온 원고지 여백에는 빨간 글씨가 가득했다.

선생님은 수업 틈틈이 칠판에 시를 쓰고 읽어 주었다. 선생님의 비음 섞인 목소리가 노랫가락처럼 들렸다. 특별히 시간을 내어 교과서 밖 소설의 문장을 읽어주기도 했고, 독후감을 과제로 내주기도 하였다. 선생님을 통해 차츰 글의 맛을 알아가게 되었다.

 중간고사가 있던 무렵, 국어 선생님이 다리를 전다는 소문이 퍼졌다. 청소 시간에 유리창을 같이 닦던 친구의 말에 의하면 선생님은 한쪽 다리가 짧다고 했다. 또 다른 친구는 굽의 높낮이를 맞춘 구두를 주문해 신는다고도 했다. 그때는 통굽 구두가 유행이었다. 설마? 하면서도 선생님의 구두 높이를 가늠해 보곤 했는데 별반 차이가 없어 보였다. 나는 몸을 한쪽으로 기울이고 껑충거리며 걷는 모습이 오해를 불러온 것 같다며 선생님을 변호했다. 친구들은 어머, 너는 아직도 그 생각을 하고 있니? 그냥 소문이야! 하며 나를 놀려댔다. 졸지에 바보가 된 기분이었다.

 어느 날인가부터 국어 선생님과 국사 선생님이 사귄다는 말이 돌았다. 학교는 순식간에 핑크빛으로 물들었다. 훈남인 선생님 덕분에 나는 국사를 좋아하게 되었고, 수업 시간이 항상 짧게 느껴졌다. 핸섬한 국사 선생님과는 상대적으로 예쁘지도 않고, 키도 크지 않은, 더구나 다리까지 불편하다는 국어 선생님과의 연애 소문은 도무지 믿기지 않았다. 친구들은 모이기만 하면 쑥덕쑥덕 질투의 화살을 날렸다. 국어 선생님의 어떤 모습이 연정을 일으켰을까? 나는 선생님의 일거수일투족에서 그 의미를 가늠

소나기 115

해 보았다. 소문을 아는지 모르는지 국어 선생님의 눈은 꿈을 꾸고 있는 듯 몽롱한 빛을 띠고 있었다.

국사 선생님의 인기는 하늘을 찔렀다. 수업이 시작되면 아이들은 넥타이가 왜 핑크색이에요? 머리 스타일은 왜 바꾸셨어요? 등등 엉뚱한 질문을 해댔고, 수업이 끝나면 복도 끝까지 줄지어 따라가기도 했다. 한번은 두 분이 교무실을 향해 나란히 걷는 모습이 목격되었다. 아이들이 와! 하며 소리를 질러댔다. 까닭 없이 내 가슴도 심하게 두방망이질해댔다.

2학년이 되자 서예부에서 특별활동을 하게 되었다. 대회를 앞두고 서체를 익히다보면 어스름한 저녁이 되곤 했다. 하루는 늦게 퇴근하는 국어 선생님을 교문 앞에서 뵀었다. 어깨를 내려뜨리고 걸어오는 선생님의 표정이 어둡고 쓸쓸해 보였다. 다가가 인사를 하자 어? 여태 뭐했어? 하며 억지로 웃는 모습이 괜스레 슬퍼 보였다.

소문과 달리 국사 선생님이 사모했던 분은 음악 선생님이었다. 몰래 연애를 이어가던 두 분은 마침내 결혼식을 올렸다. 목소리가 부드럽지만 다소 까칠한 성격의 음악 선생님은 집안이 좋다고 했다. 결혼식을 마치고 돌아온 음악 선생님의 얼굴에서 안경이 사라졌다. 우리가 물으니, 콘택트렌즈를 했다며 수줍게 웃으셨다. 달걀형 얼굴에 환한 빛이 감돌았다. 참 어여쁘시다!

그런 생각을 하는데 이상스레 가슴이 아릿했다. 내가 꿈꾸었던 드라마는 이런 게 아니었다. 어쩌면 연애 소문은 또, 우리가 지어낸 건 아니었을까, 의문이 들었다.

체육 시간, 운동장에서 준비운동을 하고 있었다. 하얀 뭉게구름이 떠 있던 하늘에 검은 구름이 적군처럼 밀려왔다. 사방이 삽시간에 어두워지더니 느닷없이 비가 퍼붓기 시작했다. 소나기가 마치 우리를 향해 달려오는 느낌이 들었다. 당황한 아이들은 아우성치며 신발주머니로 머리를 가린 채 교사 처마 밑으로 뛰어들었다.

숨을 고르고 있는데 한 교실의 창문이 활짝 열리더니 국어 선생님이 불쑥 나타나셨다. 쏟아지는 비를 황홀한 눈빛으로 바라보던 선생님은 순간 두 팔을 활짝 벌렸다. 비는 바람을 타고 사선으로 나부꼈다. 선생님을 따라하듯 아이들도 창문을 열어젖혔다. 교실로 들어가려던 우리 반 아이들은 충동을 이기지 못하고 약속이나 한 듯 운동장으로 뛰쳐나갔다. 쏟아지는 비를 맞으며 의식을 치르듯 하늘을 향해 두 팔을 벌리고 맴을 돌았다. 우리들 가슴에 살고 있던 환호성이 소나기처럼 쏟아졌다. 마음도, 몸도 모두 흠뻑 젖어 들었다. 묵은 슬픔이 서서히 씻겨나갔다.

교장 선생님은 교내 방송 마이크를 잡고 운동장의 학생들은 다 들어가라고, 교실 창문은 모두 닫으라고 고래고래 소리를 지르셨다. 쏴아아! 줄기차게 퍼붓던 소나기는 삽시에 사라졌고 언제 비가 왔느냐는 듯 하늘에는 다시 태양이 눈부시게 빛났다.

 국어 선생님과 음악 선생님은 그해 각각 다른 학교로 전근 가셨다. 소나기에 마음을 내어준 그날, 그 황홀경을 떠올리면 지금도 내 가슴은 까닭 모르게, 이유도 없이 환희로 차오르곤 한다.

## 비움

설날을 며칠 앞두고 난데없이 무력감이 엄습했다. 밥을 먹으려고 숟가락을 들면 무거운 바위가 어깨를 짓누르는 듯했다. 등짝에는 식은땀이 흘렀다. 먹는다는 게 제일 힘든 일일까? 피곤이 밀려와 먹다 말고 잠이 들기도 했다. 몸살이었다. 하필 명절을 앞두고 누적된 피로가 한꺼번에 터졌다. 내가 터득한 처방은 미음을 끓여 마시고 만사 제쳐놓고 자는 거였다. 이번 몸살은 독한 놈인지 쉽사리 물러나지 않았다. 명절 준비는 물 건너갔다.

마늘을 넣고 푹 고아 낸 엄마표 닭곰탕 한 그릇 뚝딱 먹고 나면 몸이 개운해질까? 마음은 굴뚝인데 만사가 귀찮았다. 나도 모르게 여동생들과의 카톡방으로 손이 갔다. 나 많이 아파! 응석 부리듯 올린 내 글에 큰동생이 대뜸 정말? 어떻게 아픈데? 열 나? 38도 넘어? 병원에는 갔어? 엄마한테 세배드리러 올 거야? 꼬치꼬치 묻는다. 고개를 갸웃하며 다시 읽어보니 코로나19 증상이 아닐까 유도심문 하는 모양새였다. 순간 머리가 멍해졌다.

달포 전 시애틀에 사는 조카가 코로나19에 걸렸다는 소식을 들었다. 펄펄 열이 나고, 통증의 강도가 확연히 다르다 했다. 나의 체온은 정상이었다. 전에 한 번 코로나19를 앓았으니 면역력이 생겼겠지 하다가도, 무증상 감염이 또 돌고 있다는 보도가 걱정을 키웠다. 선별 검사소를 찾았으나 시간을 놓쳐 그만 허탕 치고 돌아온 길이었다.

물론 작금의 코로나 사태에 동생의 질문은 당연했다. 더구나 병석에 누운 어머니의 간병을 전담하다시피 하고 있으니, 우려를 십분 이해는 했으나 괜스레 서운한 마음이 들었다. 언니, 명절이 코앞인데 큰일이네! 약은 먹었어? 형부 간병하느라 너무 무리했나 보다. 조심해 언니. 이런 애틋한 말들이 오가길 기대했었나 보다. 내가 아무런 답을 않자 눈치 빠른 막냇동생이 큰언니, 물 많이 먹고 푹 쉬어.라며 수습을 했다.

아버지 안 계신 집의 맏이인 나는 친정 일이라면 무조건 앞장섰다. 나만의 짝사랑이었나? 참, 헛살았네. 다 부질없어. 코로나

19로 인한 '사람 간 거리 두기'가 '마음 간 거리 두기' 양상을 낳고 말았다.

TV를 켜니 「신박한 정리」가 재방송되고 있었다. '집'의 물건을 비우고 정리하는 팁으로 공간 활용의 노하우를 알려주고 있었다. 새로운 공간 배치로 넓고 환해진 집을 둘러보며 의뢰인은 감격의 눈물을 흘렸다. 헛헛해진 마음에 이상스레 위로가 되었다. 왜일까? 생각하다 또 까무룩 잠이 들었다.

꿈속에서 나는 집 안을 정리하고 있었다. 케케묵은 짐들을 끌어내고, 쓰지 않고 두었던 물건들을 늘어놓았다. 이런 것도 있었네 하며 생경한 물건을 집어 드는데 갑자기 그것이 거울로 변했다. 유난스레 반짝이는 거울에 서러웠던 순간들이 빠르게 투영되기 시작했다.

친정아버지의 긴 투병과 때 이른 죽음, 시아버지의 노환, 치매를 앓았던 시어머니, 이어진 남편의 암 투병, 친정어머니의 낙상과 병치레···. 연이어 찾아온 우환이 외화의 자막처럼 지나갔다. 거울 속 나는 늘 길 위를 배회하고 있었다. 가슴이 시렸다.

거울은 점점 더 밝은 빛을 쏘아대었다. 왜 그렇게 모든 걸 혼자 다 안으려고 했니? 묻는 것 같았다. 애쓰며 지나온 날들이 다 무용하게 느껴졌다. 다 부질없어! 거울을 내팽개치고 소리치며 울다 잠이 깼다. 생생한 여운에 한동안 가슴이 먹먹했다.

새삼 집 안을 둘러보았다. 여기저기 어수선하게 처박혀 있던 물건들이 얼굴을 내밀었다. 정말 내게 꼭 필요한 것들일까? 이것들을 건사하느라 나는 얼마나 많은 시간을 낭비했던가. 비우지도 못하고 외면하지도 못하는, 우물쭈물 망설이는 내 마음이 거기에 있었다.

「신박한 정리」에선 비움이 첫 번째요, 기증이 두 번째, 나머지는 공간의 재배치였다. 나는 비움에 집중했다. 쓸데없는 물건을 비워내듯, 어쩌면 내 마음도 자꾸 비워내야 껴안고 있던 못난 생각들도 회복되지 않을까? 그러다 보면 내 삶도 늦게나마 조금은 '신박'해질지도 모른다. 나는 후들거리는 몸을 추스르며 집 안을 정리하기 시작했다.

남편이 은퇴하며 사무실에서 끌고 들어온, 십여 년 동안 애지중지하던 검은색 소파 세트가 1호 비움 대상이 되었다. 남편은 그냥 두라고 말렸지만, 이 방 저 방으로 끌고 다니며 마땅히 놓을 곳을 찾지 못하는 나를 지켜보다 못해 묵묵히 내 뜻에 따라주었다. 수소문 끝에 동생 친구의 사무실로 가져가겠다는 연락이 왔다. 물건에도 인연이 있었다. 마른 수건으로 먼지를 닦아내니 말끔해졌다. 무정물도 오래 같이 있다 보면 영혼이 깃드는 걸 느꼈다.

더는 사지 말아야지 다짐하지만 얼마 안 가 또 빼곡해지는 옷장은 언제나 난코스였다. 2년 이상 방치한 옷들이 장롱에서 끌려 나왔다. 아끼다 보니 옛것이 되어버린 옷들도 있었다. 세탁해서 '아름다운 가게'에 기증하였다. 여남은 벌은 옷 모으는 통에 넣었다. TV 프로그램「생활의 달인」을 보니 이렇게 수거된 옷들은 '달인'의 손에 품목별로 분류된 후 압축하여 지구촌 벽지로 팔려나갔다.「생활의 달인」애청자인 남편은 한국전쟁 후 구호품으로 받았던 옷가지를 떠올렸다. 그때와 우리의 모습은 천지개벽할 정도로 달라졌다. 옷의 역사도 사람에 못지않게 파란만장했다.

산더미같이 쌓인 책들도 일정 부분 덜어내야 했다. 필자에게 사인 받은 책들은 한곳에 모아두기로 했다. 오래된 책 중 깨끗한 것은 '중고 책방'에 내놓았다. 마음이 한결 가벼워졌다.

한데, 구두를 정리하다 소스라쳤다. 친정어머니의 칠순에 딱 한 번 신었던 아들의 구두 뒤축이 함몰되어 있었다. 분가할 때 가져가래도 신을 일 없다더니 그에 사달이 났다. 십오 육 년 동안 한자리에 두고 건드리지도 않았는데 시간의 풍화작용 앞에선 장사가 없었다.

비우고 나니 공간이 생겼다. 이렇게 집이 넓었나? 거실을 한 바퀴 돌아본다. 햇살이 공간을 채우고 있었다. 쫓기는 마음이 없는, 하나도 바쁘지 않은 정리였다. 힘들면 쉬엄쉬엄한, 그러나

멈출 수 없었던 그런 시간이었다. 물건마다 나와 얽힌 사연들이 배어있었다. 지나온 시간과 조우하며 그때의 나를 이해하고 진심으로 보듬었다.

비우니 생각지도 못한 허허로운 즐거움이 찾아왔다. 이 매력에 푹 빠진 나는 이제 서운함 따위를 떠올리는 시간마저 아까워졌다. '부질없다'는 생각은 정말 부질없었다. 몸살도 어느새 사그라들었다.

봄이 오는 산 중턱에 올랐다. 까치 한 마리가 나뭇가지를 입에 물고 날아갔다. 신혼부부가 상수리나무 끝에 새 보금자리를 만들고 있었다. 갓 돋아난 연두색 새싹들이 싱그러웠다. 그냥 있는 그대로를 받아들이는 자연은 자신의 삶에 어떤 못난 의미도 들여놓지 않는 듯했다. 텅 빈 마음에 맑은 샘물이 고였다.

# No problem

마당바위에 오르니 시내가 한눈에 내려다보였다. 자주 형상을 바꾸며 흐르는 구름이 한가로웠다. 귓속으로 새소리가 흘러들었다. 청아한 새의 지저귐에 귀를 기울이다 보니 문득 양수리 친구의 낭랑한 목소리가 환청처럼 들려왔다. "아무것도 하지 말고, 아무 생각도 하지 말고 그냥 여기에 앉아있어." 순간 마음을 쥐고 흔들던 상념들이 바람에 흩어지는 검불처럼 시나브로 사라졌다. 바위를 둘러싼 아름드리 소나무들은 친구네 한옥 마당귀에 우뚝 서 있던 소나무를 연상케 했다. 바람이 불어왔다. 초록 물결이 일었다.

친구와 나는 이웃해 살았다. 그녀는 시부모를 모시고 사는 맏며느리였다. 여섯 살 연상인 그녀와 나는 동갑내기 아이들 때문에 자연스럽게 가까워졌다. 서로 마음이 맞아 의기투합하는 일이 잦아졌고 시간이 지나면서 자연스레 망년우忘年友가 되었다.

자주 만나니 그 집 숟가락이 몇 개인지 안 보고도 알 지경이었다. 나는 걸핏하면 핑계를 대 마실을 가곤 했다. 하루는 현관문을 여니 산더미처럼 쌓인 옷을 개키며 그녀가 노래를 부르고 있었다. 노래는 그녀에게 있어 일종의 방어기제였다. 또 무엇이 그녀를 힘들게 한 걸까? 사정을 듣기도 전에 속부터 상했다. 하지만 궁금해하는 내 눈치를 애써 외면한 채 그녀는 No problem!이라며 응대했다. 아무리 힘든 일이 있어도 부부 사이에 문제가 없으면 No problem이란다. 그녀는 그간 얼마나 많은 사연을 No problem으로 풀어버린 걸까?

친구는 친정과 멀지 않은 곳에 한옥 한 채를 마련했다. 방학 때마다 아이들은 신이나 그 집으로 몰려갔다. 처음 한옥에서 묵던 밤, 칠흑 같은 어둠과 마주하게 되었다. 한 번도 맞닥뜨리지 않은 어둠이었다. 가만히 있어 봐. 곧 잘 보일 거야. 친구의 말에 눈의 힘을 풀고 조리개가 열리길 기다렸다. 어둠이 물처럼 몰려와 나를 포근하게 감싸 안는 듯했다. 우리는 마루에 걸터앉아 강도 높은 하늘의 별들을 헤아렸다. 시간이 천천히 흘러갔다.

어느 해인가 추석을 앞두고 아이들이 졸라대는 통에 얼떨결에 양수리에 가게 되었다. 차례 준비로 마음이 바빠 후딱 다녀올 요량이었다. 들뜬 아이들은 한옥에서 하룻밤 자고 가자며 보챘다. 홀로 애쓰실 시어머니 생각에 가시방석이 따로 없었다. 머리가 지끈거리더니 급기야 열이 올랐다. 핼쑥해진 내 얼굴을 본 친구가 "나보다 귀한 건 없어. 마음 편하게 먹고 하룻밤 쉬었다 가자."권했다. 그 말이 마치 주술처럼 들려왔다. 죄송하다고 전화를 드리자 시어머니는 아이들이 좋다고 하는데 무슨 소리냐? 걱정 말고, 아예 며칠 더 있다 오라고 하셨다.

"아무것도 하지 말고, 아무 생각도 하지 말고 그냥 여기에 앉아있어."

나만 남겨 놓은 채 그녀는 누렇게 익은 벼가 비단결처럼 출렁이는 들판으로 아이들을 데리고 나갔다. 햇빛 바른 툇마루에 앉아 코발트 빛 하늘을 바라보았다. 이렇게 하늘바라기 하며 여유를 부려본 게 얼마 만인가? 나도 하나의 풍경이 되어 앉아있었다. 풍경 바라기를 하는 동안 가슴앓이가 가라앉고 거짓말처럼 마음이 고요해졌다. 그 후 가슴에 소용돌이가 이는 날이면 나도 모르게 그녀의 말을 떠올리곤 했다.

교직에 있던 부군이 퇴임하자 친구는 서울 생활을 청산하고 양수리로 들어갔다. 일곱 남매의 시댁 식구를 거느린 종부로서

굴곡 많은 시간을 견뎌낸 그녀는 노년을 맞이하는 게 오히려 반갑다고 했다. 이제 느긋하게 황혼을 즐기고 싶다고도 했다. 하지만 무슨 팔자인지 늘그막에 시작된 병간호는 친정 부모, 시부모, 친척까지 뫼비우스의 띠처럼 끝없이 이어졌다. 요양시설을 마다하고 어르신들을 집에 모셨다. 그녀의 일상은 온전히 병시중에 함몰되었다.

강가의 한 찻집에서 그녀를 만났다. 느릅나무 껍질처럼 거칠어진 손을 맞잡았다. 그새 흰머리가 많이 늘었다. 내 염려와는 다르게 친구는 여일하게 잘살고 있다며 예의 No problem을 되뇌었다. 웃고 있지만, 얼굴에 드리운 그늘을 지울 수는 없었다. 저 속이 어떨까? 말하지 않아도 그녀의 마음을 읽을 수 있었다.

한동안 소식이 끊어졌다, 이어지길 반복했다. 그녀의 친정어머니가 돌아가셨다는 비보를 듣고 부랴부랴 빈소를 찾았다. 그제야 병수발의 족쇄에서 풀려난 그녀는 날개 죽지가 꺾인 새처럼 기진한 표정으로 나를 맞았다. '나는 이제 고아야!' 다 늙은 여인네가 울먹였다. 나는 그녀를 보듬고 어깨를 두드리며 애써 눈물을 감추었다.

하루는 잘 지내냐고 친구에게 문자를 보냈다. "소소하게 생기는 일로 인해 감사하고, 어떤 일도 끄떡없이 패스시키고, 집에 오는 손님들로 인해 웃고 떠들고, 밤에는 곯아떨어져서 자고 새벽에는 하루를 설렘으로 맞이하고 있어. 부부가 나란히 걸어가는 게 참 행복이야. 많이 행복해."라는 답장이 왔다. 매사 No problem을 외쳐대던 친구는 인생의 한 소식을 얻은 듯했다. 지나고 보니 세상에 의미 없는 시간이란 없었다. 달관한 듯한 친구의 말이 부럽기도 하고 한편 가슴이 아프기도 했다.

얼마나 앉아 있었을까? 생각에 잠긴 사이 산그늘이 내려와 산자락을 덮고 있었다. 자리를 털고 일어서는데 카톡이 날아왔다. "내일 고추 심는데 올래?" No problem! 나의 가슴엔 벌써 빨갛게 익은 고추가 들어와 앉았다.

# 한여름 밤의 떼창

열대야에 뒤척이다 무언가 아우성치는 소리에 퍼뜩 잠이 깬다. 시계는 새벽 세 시를 향해가고 있다. 활짝 열린 창문을 내다본다. 머리맡을 흔들어대던 소리는 매미의 그악스러운 떼창이었다.

한숨이 올라온다. 다시 잠들기란 틀린 일이다. 어린 시절 자연의 멜로디로 들렸던 매미의 노랫소리는 어디로 사라진 걸까? 하염없이 창밖을 바라본다. 유난히 환하게 느껴지는 가로등이 원망스럽다. 분명 저 불빛이 매미를 자극했으리라. 따지고 보면 인조 태양이 녀석들을 과노동으로 내몰고 있는 셈이다. 매미 입장에서 보면 나의 짜증은 적반하장 격이다. 사고가 났는지 여러 대의 앰뷸런스가 아스팔트를 무두질하듯 요란스럽게 지나간다. 순간 매미의 울음소리도 강파르게 날카로워진다. 문명에 맞추어 매미의 울음도 발 빠르게 진화하는 중이리라.

두루 알다시피 매미들이 목 놓아 우는 까닭은 오로지 하나, 짝짓기를 위해서이다. 밤낮의 경계를 넘어선 저들의 종족 보존의 본능이 처절하게 다가온다. 수컷 매미의 공명이 점점 드높아진다. 울음의 시작과 종착은 오로지 어디선가 지켜보고 있을 암매미를 향하고 있다. 어느 사내가 저리도 애타게 구애할 수 있으랴! 우리네 삶으로 빗대어 본다면 시샘과 부러움을 불러올 수도 있겠다.

하지만 우화羽化한 녀석들의 생은 길어야 겨우 한 달 남짓의 시한부이다. 긴 인고의 세월을 견디고 겨우 비상했건만 남은 생의 전부를 걸고 저렇듯 애절하게 세레나데를 불러야 하는 숙명이 애달프다. 수컷은 짝짓기 이후, 암컷은 알을 낳은 후 바로 탈색된 모습으로 생을 마친다. 그들의 여로가 애절하다. 자신을 하얗게 불사르지 않고는 이룰 수 없는 게 사랑이라는 걸 매미는 알고 있는 것이다.

어쩌면 저들 매미처럼 우리도 오로지 사랑 하나 세상에 남기고자 몸부림치며 살아가고 있는 건 아닐까? 매미의 사나운 열정에 깃든 속내를 들여다보다 문득 우리네 섦은 사랑의 사연들을 떠올려본다. 얼마나 많은 연인이 열정과 냉정을 견디며 애를 끓였던가. 더구나 그것이 이루어질 수 없는 사랑이라면 또 어떠할까? 「사의 찬미」를 남기고 간 윤심덕의 사연이 새삼 심금을 울린다. 기억에 남는 건 잊지 못할 한순간이라고 했다. 그렇다면 짧은 생이라 해서 애달프다 할 일도 아닌 듯하다.

  매미가 저렇듯 절절하게 울어대도 짝을 만날 확률은 5할을 넘지 못한다. 그리고 보면 대다수의 매미가 미처 짝을 찾지 못한 채 소멸하고 마는 것이다. 매미 울음 속에서 우리네 장가 못 간 농촌 총각들의 애환이 떠올려진다. 나라 안에서 신붓감을 찾지 못한 그들은 저 멀리 베트남, 캄보디아, 티베트, 몽골, 우즈베키스탄 등지로 짝을 찾아 나서고 있다. 이런 사연을 접할 때마다 오늘날의 인간사가 한갓 미물의 운명과 다르지 않게 느껴진다. 매미의 울음에 피멍이 핀 것처럼 짠하게 다가온다. 이런저런 생각에 젖다 보니 시끄럽게 울어대고 있는 매미를 향한 미움이 걷히고 까닭 없이 연민의 감정이 밀려온다. 여름 한철 혼신渾身을 다해 울고 갈 그들에게 응원을 보내 본다.

  달아오른 번철처럼 한참을 뜨겁게 울어대던 매미들이 약속이나 한 듯 울음을 뚝, 멈춘다. 일순 찾아온 고요가 우물처럼 깊게 느껴진다. 무엇을 기다리는 걸까? 나도 숨을 죽인다. 그들에게도 모종의 룰이 있어 숨 막히는 경쟁을 일시에 멈추고 잠시 쉬자는 걸까? 울음과 울음 사이 그 막간이 반칙을 일삼는 인간에게 일침을 가한다. 마침내 고요의 물결을 깨고 한 마리의 매미가 선창하자 화답하듯 일시에 예의 소란스런 떼창이 이어진다. 매미들의 울음을 교향악으로 바꾸어 들으며 애써 꿀잠을 청해 본다.

## 글의 힘

컴퓨터 화면을 노려보고 있다. 무슨 수로 이 지면을 채울 수 있을까? 마감일이 코앞인데…. 가슴이 타들어 간다. 답답증이 일어 의자를 박차고 일어서려는데 불쑥 임매자 선배의 목소리가 귓가를 스친다.

"왜 글을 안 쓰는데?"

한동안 찾아오지 않던 환청이다. 전전긍긍하고 있는 내가 안쓰러웠나 보다. 울컥, 뜨거운 것이 가슴을 치대다가 살짝 원망이 든다. 선배가 물 먹은 별*이 된 지도 어느새 십 년이다. 창틈으로 스며든 바람이 나를 흔들고 지나간다.

스무 해 전, 길음동 소재의 한 문화센터 복도에서 처음 선배를 보았다. 그녀는 커다란 초콜릿 상자를 들고 있었다. 가무잡잡한 얼굴에 검은 뿔테 안경을 쓴 그녀는 흘러내리는 회색빛 숄을 연신 끌어 올리며 가쁘게 숨을 몰아쉬고 있었다. 지켜보는 나도 까닭 없이 숨이 가빠왔다. 도와드릴까 해서 다가서는데 다급하게 달려온 한 남자가 그녀를 부축해 소파에 앉혔다.

첫 수업에 나는 30분이나 늦었다. 마흔 넘은 나이에 글쓰기 수업을 들으러 왔지만 강의실 문을 열 용기가 나지 않았다. 망설이고 있는데 그녀가 다시 나타났다. 왜 여태 들어가지 않고 있어요? 나랑 같이 들어가요. 하며 팔을 잡았다. 예의 남자가 초콜릿 상자를 들고 있었다.

강의실은 수강생으로 꽉 차 있었다. 모두 나 같은 글쓰기 초보겠거니 했는데 웬걸 베테랑 회원이 더 많았다. 수업 말미에 그녀의 등단을 축하하는 조촐한 파티가 열렸다. 케이크 촛불을 끄고 꽃다발을 받아 든 그녀가 환하게 웃었다. 아름답다, 나도 모르게 혼잣말을 했다. 그녀가 하늘처럼 높아 보였다. 그녀가 내민 은박지에 쌓인 초콜릿을 받아들었다. 달콤한 초콜릿 속에는 쓴 술이 들어있었다. 그날의 첫 만남은 돌이켜 떠올려도 인상적이었다.

그녀는 매주 글을 써왔다. 부지런한 글쓰기는 그녀의 미덕이라며 지도 교수인 임헌영 선생님은 칭찬을 아끼지 않았다. 심장병을 앓고 있던 그녀는 아픈 만큼 글쓰기가 간절하다고 했다. 내가 당신을 선배라고 부르자 기쁘게 받아들였다. 수업을 파한 후 동기들과 함께 선배가 들려주는 이야기 삼매경에 빠져들곤 했다.

선배는 스물 즈음에 아버지와 동생 넷을 수해로 잃었다. 고통을 잘게 쪼개어 글로 내놓기 시작했단다. 글을 쓰고 나면 두꺼운 상처가 부스러기가 되어 떨어져 나가는 것 같다고 했다. 요컨대 선배에게 글쓰기는 자기 치유의 길이었다.

선배의 체험담은 매번 감동을 주었지만, 이상하게 이야기를 들을수록 나는 글쓰기와 멀어지고 있었다. 글의 진정성과 진실을 위해서라면 위선과 가식의 옷을 벗고 경험의 알몸을 가감 없이 드러내야 한단다. 동기들은 글을 척척 잘도 써왔다. 글은 써지지 않았지만 글 동네에 있다는 걸 위안 삼았다. 선배를 에스코트하고 나타나는 부군을 나는 '보디가드'라고 불렀다. 선배를 강의실에 들여놓고 돌아서는 보디가드의 뒷모습에 어딘가 슬픔이 깃들어 있었다.

어느 날 선배는 독일인과 결혼한 딸로부터 연락이 끊어진 지 3년이 넘었다며 속앓이를 털어놓았다. 타국에 있지만, 일주일이 멀다며 전화하고 메일을 보내오던 딸이었다. 답답해하는 선배에게 부군은 연락이 닿지 않는 아프리카 오지로 봉사를 떠났다 했다. 힘들어하는 선배를 보다 못한 한 문우가 나섰다. 선배의 딸이 속해있다는 단체에 마침 아는 사람이 있으니 연락해 보겠다고 했다. 아프면 자랑하라고 했다는 옛말 그르지 않다며 지켜보던 반원들이 약속이나 한 듯 손뼉을 쳤다. 일은 순조롭게 풀리는 듯했다. 그러나 가열차게 나섰던 이가 갑자기 입을 굳게 다물었다. 선배가 재촉하자 아직 연락이 없다며 손사래를 쳤다.

결석을 모르던 양반이 몇 주 동안 나오지 않았다. 알고 보니 그사이 선배는 남편으로부터 비보를 들었다. 딸은 벌써 3년 전 교통사고로 유명을 달리했단다. 가족들은 병마와 싸우고 있는 선배의 건강이 악화될까 두려워 그동안 사실을 감추고 있었다. 눈의 수문을 열고 뜨거운 물이 쏟아져 내렸다. 무어라 위로의 말을 전해야 할까? 망설이던 끝에 선배에게 메일을 보냈다.

선배님의 가족들이 삼 년여 동안이나 사실을 감추었다는 말에 가슴이 먹먹하고 내 일처럼 앞이 캄캄했습니다. (…) 따님은 떠났지만, 영혼은 사랑하는 어머니 곁에 머물고 있으리라 믿습니다. 선배님을 위해 기도 올리겠습니다….

선배로부터 전화가 왔다. 글로 위로받기는 처음이라며 마음을 추스르는 계기가 되었다고 했다. 내 글이 위로가 되었다니! 전율이 일었다. 내가 더 고마웠다. 그때까지 나의 시선은 늘 나를 향해 있었다. 마음속에 들끓는 이야기들을 끄집어내려 하면 보이지 않는 벽에 부딪히곤 했다. 그 단단한 덩어리를 조각조각 부수어서 그냥 꺼내 놓으면 돼. 이야기하듯 찬찬하게…. 선배의 말이 떠올랐다. 그 말에 힘입어 갇혀있던 내 마음이 속내를 드러내기 시작했다.

선배가 첫 수필집 『나를 흔드는 바람』을 출간했다. 저자 인터뷰 차 일산신도시에 있는 선배의 집을 방문했다. 삶과 죽음이 분주하게 드나들었을 것이 분명한 선배의 공간은 그러나 의외로 고요했다. 책 속의 주인공들이- 고양이 코코가 발톱으로 긁어 놓은 가죽 의자, 프랑스 벼룩시장에서 산 인형과 조각상들, 햇볕을 쬐고 있는 치자꽃, 벤저민, 문주란, 군자란 등의 베란다 식구들, 명화와 사진 등속- 미소를 머금고 있었다. 부군이 상큼한 솔잎차를 내놓았다. 그이의 밝아진 얼굴이 반가웠다.

'천 년이 걸려도 치유되지 않을 것 같던 상처가 아물어가는 것을 느낀다.'고 쓴 글을 읽었다 했더니, 처음에는 따라 죽고 싶었다며 소회를 드러냈다. 이제는 아침에 일어나면 제일 먼저 딸과 사위의 사진을 보면서 굿모닝, 인사를 한단다. '언제쯤 이 슬픔이 희석되어 철 지난 플래카드처럼 될까.'라는 대목이 떠올랐다. 자식을 가슴에 묻는다는 건 어떤 심정일까? 애잔한 마음으로 그녀를 바라보았다.

> 딸은 어느 모퉁이에서건 등에 담痰 박힌 느낌으로 와락 와락 달려들어 내 젖가슴에 손을 들이민다. 호수의 물비늘 위에서, 등산로의 갈참나무 아래에서 불쑥불쑥 다가왔다가 이내 바람으로 흩어지는 아이가 그리워서 울고 또 울었다.
> ― 임매자 수필, 「이승에 신을 고이 벗어두고」 부분

선배는 인터뷰 내내 많이 웃었다. 수필에 콩깍지가 쓰인 것 같다며 행복하다 했다. 부부의 컴퓨터가 나란히 놓여있는 방이 창작의 산실이었다. 글을 쓰고 있을 때 그녀가 가장 아름답다며 부군이 천진하게 웃는다. 쓰다 만 문장 옆에 커서가 깜빡이고 있었다. 글감이 생기면 잊을세라 얼른 자판 먼저 두드린단다. 선배의 컴퓨터는 풀가동되고 있었다.

선배가 두 번째 수필집 『은비늘 같은 시간』을 보내왔다. 수필집을 받아 들고 한동안 먹먹했다. 문체가 달라졌어요? 하자 선배는 요즘 시를 읽고 있다고 했다. 글이 젊어지고 있었다. 나이는 숫자에 불과하다고 했던가, 나는 살짝 질투를 느꼈다.

선배는 종종 나에게 전화를 했다. 글 좀 쓰라고. 안 쓰고 무얼

하고 있느냐, 남아 있는 시간이 많은 줄 아느냐…. 잔소리하느라 전화기를 붙잡으면 놓을 줄 몰랐다. 선배의 전화가 부담스럽게 느껴질 때도 있었다. 이토록 줄기차게 글쓰기를 권하는 이를 만나게 될 줄은 나도 미처 몰랐다.

선배에게 전화를 받은 날에는 꿈을 꾸기도 했다. 나는 꿈에서조차 글 독촉을 받았다. 써 내려간 글은 내가 읽어봐도 정말이지 주옥같았는데, 깨자마자 신기루처럼 사라지고 만다. 고놈의 문장을 고대로 베껴 쓰면 틀림없이 명작이 될 텐데…. 밑도 끝도 없는 안타까움에 눈을 감고 다시 잠을 청하기도 했다.

선배가 불의의 사고를 당했다는 연락을 받고 달려갔다. 혼수상태로 중환자실에 누워 온갖 기계를 목숨줄처럼 달고 있었다. 믿어지지 않았다. 일주일 전 전화한 선배는 지인의 결혼식에 나랑 만나서 함께 가자 약속했었다. 며칠 전부터 입고 갈 옷까지 챙겨두고 만날 날만 기다리고 있었다는데…. 기가 막혔다. 선배가 비운 자리에 '은비늘 같은 시간'만 남았다.

이승을 떠나는 문우들이 점점 늘어간다. 수필집 내는 것이 마지막 소원이라던 한 문우는 끝내 자신의 책을 보지 못하고 눈을 감았다. 가슴이 아려온다. 작가에게 글이란 생명수와도 같다. 그 갈망의 깊이를 어찌 가늠할 수 있으랴.

글을 쓰고 있으면 사방이 고요해진다. 작업에 몰입하는 시간은 얼마나 달콤한지. 그러나 나는 글 속의 나를 만나는 게 점점 두려워진다. 컴퓨터가 놓인 책상이 세상 가장 먼 곳처럼 느껴질 때도 있다.

왜 글을 안 쓰는데? 글 한 줄 쓰지 않으면 작가가 아니야! 지청구가 또 귀를 울린다. 선배의 말은 늘 초심을 돌아보게 한다. 선배 탓인지 글을 쓰지 않고 빈둥거리는 게 쓰는 것보다 더 힘들 때도 있다. 선배는 갔지만 쨍쨍한 목소리는 시시때때로 나를 깨운다. 선배가 건네준 초콜릿 속의 술은 혹시 독이 아니었을까?

\*정지용 시 「유리창」에서 인용

## 美쳤다고?

　미쳤다! 누가 누구에게 하는 말일까?

　TV 예능 프로그램에서 한 연예인이 자신의 외국 여행기를 중심으로 패널들과 방담을 나누고 있었다. 현지의 문화 체험을 소개하던 중 한 식당에 들러 햄버거를 주문하였다. 식재료를 겹겹이 넣은 두툼한 햄버거가 화면에 나오자, 패널들이 이구동성으로 '미쳤다'를 외쳐댔다. 동시에 '美쳤다' 자막이 빠르게 지나갔다.

　생경한 언어 조합이 눈에 거슬렀다. 시청 중에 핸드폰을 열고 단어를 검색해 보았다. '예능감 美쳤다', '커플 케미 美쳤다', '연기 美쳤다', '분위기 美쳤다', '라면 맛 美쳤다', '캠핑 코스 美쳤다', '의리까지 美쳤다', '강릉의 정자 美쳤다' 심지어는 '산에 美쳤다'는 책 제목까지 있었다. 이는 우리 언어 사용 용법이 아닌 억지로 짜맞춘, 한마디로 알 수 없는 언어 조합이다. 어쩌다 '美쳤다'라는 말이 뛰어난 기량 혹은 기쁘다, 멋지다, 아름답다를 합친 만능어가 되었을까?

최근 한 라면 광고에 '미쳤네'란 말이 등장했다. 절로 '美쳤다'가 떠올려졌다. 그러나 재차 확인해 보니 합성어가 아닌 순수 우리말이었다. 그새 유행어에 감염되어 착각을 일으킨 것이다. '미쳤다'나 '미쳤네'는 통상적으로 함부로 사용하지 않는 언어다. '美쳤다'라는 합성 신조어에 편승해 남발되는 어휘가 마음을 불편하게 했다.

요즘 영상매체는 신조어 양산에 앞장서고 있는 듯하다. 한 예로 '美쳤다'에 질세라 '찢었다'는 말도 자주 쓰인다. 처음 그 말을 들었을 땐 광목 끝을 가위로 조금 가르고 손으로 쫙 찢는 모양새를 연상했다. 그러나 매체에 노출된 찢었다는 '대단했다, 굉장했다'를 함의한다. 무대나 분위기를 압도했을 때 또는 무언가를 훌륭히 해냈을 때 쓰인다. 어마어마하다, 놀랍다를 뜻하는 '쩐다'보다 더 자극적인 말이다. 예컨대 '비욘세가 무대를 찢었다', '당의 한복 찢었다' 등의 표현이 눈에 띄는가 하면 '포스 찢었다, 겔

포스 엘', '딤채 찢었다'처럼 광고로도 활용되고 있다.

'와, 하늘 美쳤네! 어, 진짜 찢었네'와 같이 美쳤다와 찢었다를 짝꿍처럼 쓰는 걸 보면 이 두 말이 요즘 신조어의 대세인가 보다. 이에 '킹 받네'라는 말까지 붙으면 점입가경이 아닐 수 없다. 열 받는다는 말 앞에 왕을 뜻하는 킹을 넣었다. '왕 열받는다', 즉 엄청 화났다는 뜻이란다. 사람살이가 어려울수록 이에 상응하는 말도 거칠어지기 마련이다. 자극적이고 공격적인 데다 험악하기까지 한 언어 사용은 작금의 세태를 반영하고 있다.

신조어(新造語, Neologism)란 새로 만들어진 단어 및 용어 가운데 표준어로 등재되지 않은 말을 뜻한다. 음식을 소재로 다루는 방송에서 자주 사용하는 '味쳤네'처럼 한자와 합성한 언어의 탄생은 어제오늘의 일이 아니다. 다행히 일부 예능 프로그램에 올라온 '美쳤다', '死을 맛'과 같은 왜곡된 표기는 한글을 훼손하는 행위라며 시정 명령이 내려졌다. 그러나 제재에도 불구하고 유행어를 막는 일은 쉽지 않아 보인다.

사람의 인격 형성에 언어가 끼치는 영향은 실로 막대하다. 언어는 의식을 반영하고 사람됨을 형성하며 나아가 정신세계를 지배하기도 한다. 속어, 욕설, 비속어 등 거친 말을 쓰는 이들일수록 대체로 내면이 황폐해지는 경우를 종종 볼 수 있다.

철학자 하이데거는 '언어는 존재의 집'이라고 했다. 법정 스님

또한 말에 대해 다음과 같이 설파했다.

> 말은 생각을 담는 그릇이다. 생각이 맑고 고요하면 말도 맑고 고요하게 나온다.
> 생각이 야비하거나 거칠면, 말도 또한 야비하고 거칠게 마련이다.
> 그러므로 그가 하는 말로써 그의 인품을 엿볼 수 있다.
> 그래서 말을 존재의 집이라 한다.

말 한마디로 천 냥 빚을 갚는다, 발 없는 말이 천리를 간다, 가는 말이 고와야 오는 말이 곱다, 말이 씨가 된다, 입은 삐뚤어져도 말은 바로 하라는 등등, 말과 관련된 속담이 많다. 나를 돌아보고 말 단속에 나서게 한다.

통통 튀는 신조어가 때론 말의 재미를 가져오기도 한다. 또한 재치 있는 언어는 바쁜 일상의 피로를 덮어주기도 한다. 그러나 지나치게 자극적인 신조어가 남발된다면 오히려 심신의 고달픔을 가중시키는 역효과를 내게 된다. 작금의 거센 신조어, 합성 신조어 현상이 우리 정서에 미치는 영향을 생각할 때 우려되는 바가 적지 않다. 언어 자정을 위해 뜻있는 이들이 나서곤 하지만 매번 구두선口頭禪에 그치고 만다.

　신조어가 날마다 태어나고 있다. 기왕이면 따뜻하고 선한 언어의 탄생을 희망해본다. 영혼을 정화하는 언어, 어려운 현실을 위로하는 언어가 그리운 요즘이다.

# 나의 내비게이션

아들이 밤샘 작업을 마치고 밀린 휴가를 다녀오겠단다. 안쓰러운 마음에 "공항버스 타는 곳까지 태워다 줄게." 했더니 늘 사양하던 녀석도 "그럼, 좋지요." 한다. 일을 마친 며느리를 중간에 태우고 합정역까지 가기로 했다. 아들은 핸드폰 내비게이션이 가리키는 길로 자동차를 몰았다.

아들네가 내린 후 내가 운전대를 잡았다. "엄마, 내비게이션 꼭 켜고 가세요." 엉뚱한 길로 들어서 헤매기 일쑤인 나에게 아들이 신신당부한다. "알았어!" 약속은 했지만, 내비게이션 켜는 게 망설여졌다. 가장 빠른 길을 선호하는 내비게이션은 좀 전에 지나온 내부순환로로 다시 안내할 게 뻔했다. 하지만 나는 전에 그 길을 운전하다 까닭 모를 어지럼증에 여러 번 시달렸다. 그런 까닭에 요즈음 내비게이션을 따르지 않는 버릇이 생겼다.

이정표를 보니 쭉 직진하면 우리 집 방향이었다. 마음의 여유가 생겨 네거리를 둘러보았다. 때마침 좌회전 표시와 함께 '동교동 길'이라는 표지판이 눈에 들어왔다. 혹시 지름길이 아닐까? 호기심에 홀린 듯 핸들을 꺾었는데, 아차! 생판 낯선 표지판이 보였다. 가슴이 철렁했다. 가다 보면 아는 길이 나타나겠지. 불안한 마음을 애써 눌렀다.

모르는 길이라 직진을 고수했다. 멀리 '성산대교(안양)'가 눈앞에 보였다. 집과는 정반대 방향으로 점점 멀어지고 있었다. 대교로 향하는 신호등에 초록불이 들어왔다. 이어진 도로는 이제 피할 곳이 없었다.

순간 알 수 없는 도발이 스멀스멀 피어오르기 시작했다. 피할 수 없다면 즐기라 했던가! 팝콘처럼 웃음이 터졌다. 어디 한 번 이대로 쭉 달려가 볼까? 의도치는 않았지만, 밀려오는 일탈의 충동을 억누르지 못한 채 강변을 내달렸다. 창문을 내렸다. 시원한 강바람이 머리를 적셨다.

내비게이션 없이도 운전했던 시절이 떠올랐다. 지금의 내비게이션은 또 하나의 속박일지도 모른다. 돌이켜 보니 내 인생에도 그런 내비게이션이 있었다.

나는 말 잘 듣는 맏딸이었다. 아버지의 바람대로 학교 공부에 전력을 다했다. 그러던 중 교내 미술부에 뽑혔다. 당시 대한민국 미술대전에서 대상을 받으신 선생님이 지도해 주었다. 대회에 출전 해 상을 받아오기도 했다. 계속 미술부 활동을 이어가겠다고 하자, 당연히 반길 줄 알았던 아버지가 뜻밖에 반대하고 나섰다. 공부가 최고라고, 공부나 열심히 하라고 단호하게 말씀하셨다. 꿈을 펼치고 있는 친구들을 바라보며 부러움을 삼켜야 했다. 불쑥불쑥 그 시절이 떠오르면 가보지 못한 그 길이 못내 아쉬웠다. 나는 아버지가 원하는 학교에 진학했고 취직을 했다. 첫 출근 날 아버지는 내 얼굴을 한참 들여다보더니 어깨를 펴라며 등을 툭툭 쳐 주었다.

결혼하자 시어머니는 길잡이를 자청하였다. 나는 어머니의 치마꼬리를 붙잡으려 날마다 종종댔다. 딱히 잘못한 것도 없는데 눈칫밥을 먹었다. 김치부침개를 부쳐도, 육개장을 끓여도 누군가 뒤에서 지켜보는 느낌이 들었다. 시누이들이 고생한다며 티셔츠에 청바지, 빨간 구두를 선물했을 때 비로소 매운 시집살이 삼 년이 무사히 지나갔음을 알게 되었다.

시어머니의 삶에 내가 스며들었다. 봄이면 장을 담그고, 여름이면 모시옷에 풀을 매겼다. 가을이면 항아리를 땅에 묻고 김장을 했다. 겨울에는 동치미를 퍼다가 국수를 말았다. 되풀이되는 일상에서 한 걸음도 비켜날 수 없었다. 소매를 걷어붙이고 척척 일을 해내는 시어머니 지휘 아래 나는 늘 무능한 주부를 자처하며 살았다.

때때로 나는 목이 말랐다. 우연히 글을 쓰기 시작했다. 집안일을 미루고 밖으로 나오기란 쉽지 않았다. 망설이는 나를 보고 시어머니는 "갈 데가 있으면 가야지, 여자라고 움츠러들지 마라. 너를 알아주는 데가 있으니 얼마나 좋으냐!" 하며 용기를 북돋아주었다. 삶의 곡선마다 그 한마디를 기억했다.

자동차는 나의 직진 본능이 이끄는 대로 앞으로, 앞으로 내달리고 있었다. 이정표가 부산을 가리켰다. 밤이 내리고 있었다. 어디로 가고 있는 걸까? 시어머니의 말씀이 가슴을 출렁이질 하다가, 일순 아버지의 고집이 내 어깨를 두드렸다.

문득 '세상의 길을 걷다/ 길을 잃을 때/ 집을 떠올리면 된다'는 시구詩句가 떠올랐다. 돌이켜 보니 내 마음의 내비게이션은 끊임없이 집으로, 집으로 작동하고 있었다. 잠시나마 일탈을 꿈꾸었던 내 깜냥도 집이라는 중력에서 벗어나지 못했다. 지구별에서 나는 그저 티끌보다 작은 생활의 범생이에 불과했다.

고민 끝에 내비게이션을 켰다. 활기찬 목소리가 흘러나왔다. 드디어 운전대가 집을 향해 돌아갔다. "곧 내부순환로 입구입니다. 안쪽 두 번째 차선으로 변경하시고 자연스럽게 진입하십시오." 내비게이션이 이렇게까지 친절했었나? 무심히 흘려들었던 멘트가 귀에 쏙쏙 들어와 앉았다. 어려울 때 짠! 하고 나타나 무엇이든 척척 해결해 주는 인생의 멘토처럼 느껴졌다.

내부순환로의 고가를 가뿐하게 올랐다. 늘 꺼려왔던 이 구간도 상쾌하게 넘길 수 있으리라는 자신감마저 들었다. 마의 곡선 구간이 나타났다. 헌데 아니나 다를까! 복병처럼 도사리고 있던 예의 공포증이 불쑥 되살아났다. 혹시나 했던 울렁증이 가시지 않았다. 내비게이션도 이 증상에는 속수무책이었다. 차들의 빠른 속도에 숨이 막혔다. 내 차는 엉금엉금 기어가기 시작했다. 어쩔 수 없이 일반도로로 내려와야 했다. 경로를 이탈했다며 내비게이션은 자꾸만 '유턴하십시오'를 연발했다. 헛웃음이 나왔다.

내비게이션을 켜는 것도, 켜지 않는 것도 정답은 아니었다. 내비게이션을 움직이는 것도, 멈추는 것도 바로 나였다. 궁극적인 답은 결국 나에게 있었다. 마음의 내비게이션이 환하게 켜졌다.

## 손맛

일기예보는 4~5미터 풍랑 예보를 내보내고 있었다. 아침 내내 바다의 표정을 살폈다. 예보가 무색하게 바다는 잔잔했다.

아들과 함께 낚시에 나섰다. 초겨울 날씨가 코끝을 찡하게 했다. 오전 11시, 열두 명을 태운 통통배가 속력을 내기 시작했다. 뱃전에 물보라가 일었다. 중앙부의 굴뚝에서 역한 기름 냄새와 함께 검은 연기가 피어올랐다. 멀리 낙산사의 해수관음상, 설악산의 울산바위가 마치 파노라마처럼 한눈에 들어왔다. 점점 멀어져 가는 도심을 바라보았다. 내가 두고 온 육지가 마치 눈 한 번 감았다 뜨면 사라지는 신기루 같았다.

얼마를 갔을까? 선장이 가자미 스폿에 도착했음을 알렸다. 배가 멈추자, 뱃전이 울렁댔다. 잠잠하던 갑판이 부산스러워졌다. 검게 그을린 얼굴을 한 선장이 가자미 낚시법을 설명하기 시작했다. 어종에 따라 낚싯대의 모양이 다르단다. 나누어준 낚싯대는 옷걸이처럼 생겼는데, 가운데 무거운 추가 달렸고 양 끝에 낚싯바늘이 늘어져 있었다. 여기에 미끼를 달면 되었다.

선장이 바늘에 갯지렁이 끼우는 방법을 시연했다. "바늘과 갯지렁이를 키스시킨 후 이렇게 밀어 넣으시고…." 그의 말에 따라 꿈틀거리는 갯지렁이를 집어 들었다. 갯지렁이는 바늘을 갖다 대기 무섭게 피부터 뿜어내었다. 쩔쩔매는 나를 보자 아들이 얼른 미끼를 끼워주었다. 아들과 선장은 안면이 있었다. 선장은 "어머니, 오셨어요?" 하더니 "어머니 스스로 해 보셔요. 어렵지 않아요." 하며 눈을 찡긋했다.

사실 나는 물고기에는 욕심이 없었다. 망망대해를 하염없이 바라보며 마음을 비워내고 싶은 생각으로 아들을 따라왔다. 하지만 이 멀리까지 와서 소득이 없으면 뱃삯을 내 준 아들에게 면목이 없을 것 같았다. 그새 물고기를 건져 올린 낚시꾼의 환호가 이목을 끌었다. 펄떡이는 물고기를 보자 불끈 욕구가 치솟았다.

"가자미는 주로 바다 밑바닥에 살고 있어요. 가운데 달린 추가 바닥에 닿을 때까지 내리셔요. 툭툭 추가 닿는 느낌이 오지요?

줄을 당겨보세요. 팽팽해지지요? 그럼, 준비 끝! 한 번씩 낚싯대를 끄떡끄떡해주고, 당겨주고….” 바닥에 흙탕물이 일어나면 가자미가 무슨 일인가 하고 모여든단다. 시력이 좋지 않은 가자미는 갯지렁이 냄새를 맡고 미끼를 문다고 했다. 낚싯대에 느낌이 감지되면 얼른 릴을 감으면 되었다. 가느다란 낚싯줄을 통해 깊은 바다와 소통한다니 가슴이 두근거렸다. 바다 밑 사정이 눈앞에 선하게 그려지는 듯도 했다.

여기저기서 환호성이 터지기 시작했다. 큰 놈을 잡으면 목청이 더 커졌다. 작은 놈들은 다시 바다로 돌려보냈다. 그런데 어찌 된 일인지 나는 감감무소식이었다. 선장이 다가와서 갑자기 릴을 빼앗았다. 그는 부지런히 줄을 감았다. 또 뭔가 지청구를 듣겠구나 하고 있는데 아이코, 양쪽에 두 마리가 걸려있었다. 그런 줄도 모르고 그냥 멍때리고 있었던 모양이었다. 드디어 잡았다는 기쁨도 잠시, 그 짜릿하다는 손맛을 놓친 게 안타까웠다. 선장은 미끼를 끼워주며 "어머니, 오늘 수업료 두 배로 내세요." 하더니 옆에 서 있는 아들의 어깨를 툭 쳤다.

아들이 낚싯대를 끌어 올리자 모두의 시선이 쏠렸다. 절로 환호성이 터졌다. 커다란 도다리가 문 것이다. 선장과 낚시꾼들이 다가와 사진을 찍어댔다. 어찌나 힘이 좋은지 녀석이 푸드덕거리는 서슬에 잡아놓았던 가자미들이 물통 밖으로 튀어 나갔다.

마치 내가 잡은 듯 어깨가 쑥 올라갔다.

아들은 이 맛에 시간만 나면 바다로 달려가는가 보다. 낚싯대를 드리우고 묵묵히 바라보고 있으면 그간 켜켜이 쌓였던 스트레스가 스르르 풀린다고 했다. 몇 날 밤을 지새웠던 작업이 끝나면 아들은 영락없이 낚시터로 달려가곤 했다. 물고기를 건져 올리며 어쩌면 삶의 생동감을 찾아내는 건 아닐까? 아들의 함박웃는 모습에 가슴 한켠이 짠해졌다.

한 번은 아래로 쏠리는 듯한 묵직한 감이 느껴져 감아올렸더니 미끼만 쏙 빼먹었다. 나에겐 미끼를 끼는 게 큰 숙제였다. 좌우로 흔들리는 배에서 조그만 바늘에 미끼 다는 일은 쉽지 않았다. 잡아 올린 후 물고기 입에서 바늘을 빼내는 일은 더 어려웠다. 미끼를 문 녀석들을 끌어올릴 때마다 에구 어쩌자고 물었노? 안쓰러움이 밀려왔다. 그렇다고 빈 낚싯대가 반가운 것도 아니었다.

나는 일곱 마리를 잡았다. 손맛이 느껴지자 은근히 신바람이 올라왔다. 서둘러 미끼를 갈아 끼우는데 갑자기 가슴이 뭉클하고 치받혔다. 얼른 봉지를 찾아 붙잡고 토하기 시작했다. 순식간에 일어난 일이라 놀랐다. 선장은 아무렇지 않다는 듯 다 게워내니 시원하지요? 아침에 시원찮은 거 드셨으면 그냥 다 토해내라며 웃었다. 발이 뭍에 닿으면 멀미 증상은 사라진단다. 가슴을 쓸어내리며 낚싯대를 놓았다.

　검은 구름이 한층 두꺼워졌다. 물색도 덩달아 검어졌다. 후드득 빗줄기가 떨어지더니 바다가 너울거렸다. 시시각각으로 날씨는 예보를 따라가고 있었다. 선장은 태연했다. 괜찮아요. 한 30분 남았는데…. 모두 동의하시면 돌아갈게요 한다. 비에 아랑곳없이 낚싯대를 드리우고 바다를 응시하고 있는 아들을 바라보았다. 궂은 날씨도 아들의 낚시 삼매경을 막을 수는 없어 보였다. 빗줄기가 점차 굵어지더니 폭우로 변했다. 선장이 뱃머리를 돌렸다.

　뱃전에 기대어 바다를 바라보았다. 바닷속 물고기들이 끊임없이 내게 말을 걸어왔다. 비와 바람이 사정없이 바다를 두들겨댔다. 사방에서 푸드덕거리는 소리가 들려왔다. 출렁이는 바다는 하나의 커다란 생명체였다.

# 말 한마디

 TV 채널을 돌리다 홈쇼핑에 눈이 멎었다. 한눈에도 따스해 보이는 외투였다. 엄마에게 입혀드릴 요량으로 주문했다. 혹시 치수가 안 맞으면 어쩌나 우려되었다. 상담 번호를 눌렀다. "고객님의 따뜻한 말 한마디가 큰 힘이 됩니다. (…) 모든 통화 내용은 서비스 향상을 위해 녹취됩니다." 기계음이 이어졌다. 말조심하라는 경고처럼 들렸다.
 모든 상담원이 상담 중이었다. 모바일을 이용하기보다 직접 통화해야 마음이 놓이는 내가 비문명인처럼 느껴졌다. 기다림 끝에 드디어 "사랑합니다, 고객님. 무엇을 도와드릴까요?"라는

말이 흘러나왔다.

막상 연결되니 말이 입안에서 나오지 않고 우물거렸다. "오늘 눈이 너무 많이 와서요…." 뜬금없이 눈 타령부터 했다. "엄마가 요양원에 계셔요. 입혀 드려보고 어울리는지, 사이즈가 맞는지 확인해야 하는데, 갈 수가 없어요…. 혹시 반품이나 교환은 언제까지 해야 하나요?"

더듬거리는 내 말을 참고 기다린 쪽은 상담사일 터였다. "주문하신 ○○사 외투가 검색됩니다. 이 제품의 교환이나 반품은 15일 안에 하시면 됩니다. 어제 받으셨으니…." 확인을 마치고 전화를 끊으려는데 상담사가 "따뜻한 말씀 고맙습니다. 즐거운 하루 되십시오." 인사를 했다.

그녀의 음성이 귓가를 맴돌았다. 대체 무슨 말이 고맙다는 걸까? 사무적인 대화라 내 말 어디에도 인정 스밀 틈이 없었을 텐데…. 녹취한다고 했던가. 할 수만 있다면 다시 듣고 싶었다. 곰곰 생각해 보니 용건을 마치며 나는 감사합니다. 라고 했고, 그녀는 이를 따뜻한 말씀이라 받은 건 아닐까? 그 말밖에는 달리 다른 말이 떠오르지 않았다. 버릇처럼 따라붙던 말에 고마움을 표하다니! 괜스레 마음이 아팠다.

문득 얼마나 많은 상담사가 폭언에 시달리면 이를 금지하는 안내 멘트가 먼저 나올까 하는 생각이 들었다. 매체에선 콜센터

직원을 감정 노동자라 칭하고 있다. 감정 노동은 대인 서비스 노동에서 주로 발생한단다. 항공기 승무원, 식당 종업원, 백화점 판매원, 은행 창구 직원, 간호사 등도 이에 속했다. 알고 보니 내 생활에 없어서는 안 될 이웃들이었다.

그들의 애환이 검색창에 빼곡했다. 콜센터에 전화를 걸어 불이 났다는 둥 엉뚱한 이야기를 하며 전화를 끊지 않는 사람, 다짜고짜 욕부터 해대는 반품 구매자, 음료수 시음 행사에서 '어디 한 번 따라봐' 하고 반말을 내뱉는 고객, 심지어 승무원에게 폭행을 행사하는 승객도 있었다. 비단 이뿐이랴. 성희롱에 가까운 말을 내뱉기도 했다. 인격 무시를 경험한 사례만도 38퍼센트에 이르고 있다. 일부 몰지각한 사람들의 행태가 아닐까 했는데 폐해는 예상보다 컸다.

감정 노동자들은 항의는커녕 고객에게 언제나 친절하게 응대해야 하기에 마음은 온통 상처투성이란다. 정신심리학에 의하면 이율배반적인 감정이 이어지면 '외상 후 스트레스 장애'가 되어 비슷한 손님만 봐도 가슴이 두근거리고 얼굴이 화끈거리며 불면증을 앓기도 한단다.

상담사의 따뜻한 말 한마디가 나를 깨우치고 있었다. 수화기 너머의 그네들도 누군가의 귀한 가족이 아닌가. 나를 돌아보았다. 감사합니다, 하길 다행이다 싶어 가슴을 쓸어내렸다.

며칠 후 배드민턴 심판 모임이 있었다. 주민센터에서 근무하는 동호인도 참석했다. 그녀는 손목과 발목에 붕대를 감고 있었다. 연일 내리는 폭설을 치우다 보니 눈이 닿은 부분마다 오톨도톨한 발진이 올라왔단다. 약을 발라도 나아지지 않아 가려움증을 참느라 붕대를 감았단다. 내가 설경을 바라보며 감상에 잠기던 시각, 공무원인 그녀는 눈을 치우느라 며칠 밤낮으로 고생하고 있었다. 가슴이 뭉클했다. 내가 편히 살고 있는 까닭이 알게 모르게 많은 사람의 노력 덕택이란 걸 깨닫게 했다.

"그대의 노고가 있어 우리가 이렇게 편하게 모임에 올 수 있었네요. 정말 고마워요." 순간 그녀의 눈에 눈물이 핑그르르 고였다. 그녀가 덥석 내 손을 잡았다. 그 한마디 말에 그간 쌓였던 피로가 한순간에 가시는 것 같다고 했다.

그녀는 고충을 털어놓았다. "글쎄 눈 치우며 몸이 힘든 건 약과예요. 요 며칠 동안 얼마나 민원에 시달렸는지 몰라요. 당신 집 앞이 얼었다며 빨리 와서 녹이라고 윽박지르는 전화를 받기도 했어요. 조금만 기다려달라고 하는데도 막무가내 욕부터 해대는 거예요." 그녀의 말투가 격앙되었다. "어떤 이는 툭탁하면 별별 쓸데없는 일을 다 문의하고, 해결해 달라고 졸라대기도 해요. 그래도 그건 나아요. 자꾸 만나자는 전화를 받을 때도 있어요. 누구냐고 물으면 탁 끊어버려요. 그런 실랑이가 무한반복 되는 거예요. 전화를 받자마자 다짜고짜 짜증부터 내고 언성을 높이는 어르신도 있어요. 성질 같아서는 저도 한바탕 하고 싶은데 그러면 안 되잖아요?" "나도 사람인데…. 마치 무슨 인형이나 기계 대하듯 할 때는 한계가 느껴져요." 기어이 눈물을 쏟아냈다.

그녀는 우수 공무원으로 표창을 받은 바 있다. 모임 때마다 고생한다고 달걀을 삶아오기도 하고, 고구마를 구워 오는 등 먹거리를 빠뜨리지 않았다. 친환경 운동에 앞장서서 참여를 독려하기도 하고 설문에 서명을 받기도 했다. 매사 적극적이고 긍정적인 성품의 그녀가 그토록 시달리며 사는 줄은 미처 몰랐다. 또한, 주민센터가 억지에 가까운 민원을 묵묵히 받아내고 있는 곳이라는 것도 알게 되었다. 나는 할 말을 잊었다. 여태 그런 사실을 모르고 있었다는 것만으로도 나는 잘못한 일이 많은 것 같았다.

말로써 복을 짓는다고 했다. 이제 누구와의 소통을 막론하고 '수고하십니다', '감사합니다'란 말부터 건네기로 한다. 주고받는 따뜻한 말로 각박한 세상살이가 보다 환해진다면 더할 나위 없겠다. 창밖에는 연신 함박눈이 내리고 있었다.

# 4장
## 아름다움을 본 죄

햇살

나마스테

귀천하기에 좋은 날

삶이 그대를 속일지라도

나를 버리지 마옵소서

나 좀 내려주세요

인생이란 언제나 뜻대로 되지는 않는다

태초의 목소리

집이 움직이기 시작했다

아름다움을 본 죄

햇살

히말라야 남체바자르(해발 약 3,440미터)에 당도했다. 문득 마을이 나타났다. 노란색으로 칠해진 집들, 판잣집에 나무를 덧댄 모습은 마치 우리네 70년대로 회귀한 듯한 착각을 일으켰다.

집과 밭의 경계를 이루고 있는 낮은 돌담은 좁고 구불거리는 길을 낳았다. 언뜻 반짝이는 빛이 보였다. 빛의 실체는 한 귀퉁이가 찌그러진 양은 냄비였다. 반들반들하게 닦아낸, 마치 은 식기처럼 번쩍이는 냄비가 햇빛과 교신 중이었다. 담 위를 점령한 그릇들은 넓적한 것, 둥근 것, 찌그러진 것, 평평한 것 등 다양했다. 내쏘는 강렬한 빛에 눈앞에 하얀 반점이 생기더니 한참 동안 지워지지 않았다.

어느 아낙의 손길일까? 이곳에 우리네와 닮은 습성이 있다는 게 신기했다. 주위를 둘러보았다. 혹시 갓 결혼한 새색시는 아닐까? 아니면 어느 주부 9단의 솜씨일까? 금방이라도 그녀들이 담 너머로 고개를 내밀고 아는 척할 것 같았다. 양은 냄비를 닦아 햇빛에 말리던 시절이 내게도 있었지…. 햇살에 몸이 녹아 노곤해졌다. 천천히 시계의 태엽이 거꾸로 감기기 시작했다.

어린 시절 한 지붕 네 가구가 살던 집엔 너른 마당이 있었다. 엄마와 이웃의 아주머니들은 늘 마당 수돗가에 모여 앉아 지푸라기에 잿물을 묻혀 놋그릇을 닦았다. 힘이 든다며 불평하는 말이 노상 들려왔다. 고무장갑도 없던 때라 엄마의 손은 늘 거칠거칠했다. 물정 모르는 나는 놋그릇은 그야말로 녹이 많이 피는 무거운 식기라고 생각했다.

어느 날인가부터 양은그릇이 수돗가 화두로 떠올랐다. 그때는 양은그릇이 귀했다. 옆집 아주머니가 장만한 양은 냄비를 자랑하자 은근히 부러워하던 엄마는 드디어 놋그릇을 팔아 양은 냄비로 바꾸어왔다.

엄마는 양은 냄비에 된장찌개를 끓여 꽃무늬가 그려진 양은 밥상에 올려놓았다. 가볍고, 빨리 끓어 좋다고 했다. 엄마가 웃으니 괜스레 나도 좋았다. 하루는 양은 냄비에 끓여준 삼양라면을 남동생과 머리를 맞대고 먹기도 했다. 그때 그 맛을 어디 가면 다시 찾을 수 있을까?

그 후에도 엄마는 여전히 수돗가에 앉아있었다. 아주머니들과 경쟁적으로 양은 냄비를 닦았다. 다 닦은 냄비를 햇빛 바른 장독대에 널어놓으면 빛이 내려와 앉았다. 거울처럼 반들거리는 냄비 뚜껑을 들어 얼굴을 비춰보기도 했다. 왜 어른들은 너나없이 양은그릇을 햇빛에 말리는 걸까? 그런 생각을 하다 볕에 겨워 졸기도 했다.

어느 날 엄마가 시장에 간 사이 집안의 어르신들이 갑자기 우리 집을 방문했다. 처음 뵙는 분들이라 나는 어찌할 바를 몰랐다. 불도 켜지 않은 어두운 부엌을 들여다보던 그분들은 반짝반짝 빛나는 냄비들을 저마다 들고 살펴보더니 "병숙이 에미 살림 참 잘하네." 칭찬을 쏟아냈다. 나는 되레 어리둥절한 마음이 되었다. 고작 냄비 닦아 놓은 게 무슨 칭찬받을 일이란 말인가! 그 방문을 계기로 엄마는 문중 어르신들의 신뢰를 한 몸에 받게 되었다 한다. 그 후 엄마는 습관처럼 냄비에 윤을 내었고 나는 안쓰러워 왜 힘들게 매일 닦느냐고 짜증을 내기도 했다.

결혼 후 시댁의 부엌살림을 맡게 되었지만, 시어머니는 내게 무얼 하라는 말씀이 통 없었다. 햇빛 좋은 날, 시어머니는 냄비들을 몽땅 마당 수돗가에 내어놓았다. 수세미에 세제를 묻혀 그 많은 냄비를 하나하나 닦기 시작했다. 그 일은 한나절이 지나도 끝나지 않았다. 시키지 않으니 감히 다가갈 엄두를 내지 못했다. 시어머니의 표정은 의식을 치르는 듯 사뭇 진지했다. 티끌 하나 없이 닦여진 그릇들이 화단에 올려졌다. 햇빛을 뿜어내는 냄비들을 바라보자면 경외감마저 느껴졌다.

나도 할 수 있을까? 경원시하던 일에 갑자기 호기심이 일었다. 시어머니가 모임에 나가고 집이 텅 빈 날, 마침 볕이 좋았다. 나는 냄비들을 끄집어내었다. 닦다가 다 되었나 싶어 돌려보면 또 그을음이 보였다. 어깨가 결리고, 허리가 끊어질 듯 아팠다. 엄마와 시어머니는 무엇 때문에 그토록 열심히 냄비를 닦은 걸까? 다시 불에 올리면 또 더러워질 것을. 나는 입속으로 투덜거렸다.

걷어치울 양으로 일어섰다가 문득 닦아서 화단에 올려놓은 냄비들을 보았다. 그릇마다 햇빛이 담겨있었다. 쏘아내는 빛에 눈앞이 하얘졌다. 갑자기 가슴이 말갛게 헹궈졌다. 차오르던 생각들은 밝은 빛에 부서졌다. 그날 이후 햇빛은 주술처럼 나를 불러댔고 나는 화답하듯 냄비를 닦곤 했다.

돌이켜보면 무엇 하나 녹록지 않았던 나날이었다. 시간이 물처럼 흘렀지만, 먹먹했던 마음은 지워지지 않았다. 에베레스트를 향하는 도중 하늘 가까운 동네에서 만난 햇빛이 젊은 날의 나를 소환했다. 나는 이제야 비로소 마음에 담겼던 햇살을 찬찬히 응시한다. 햇살이 등을 두드렸다. 나는 햇빛 속에 오롯이 앉아있던 그날의 나를 가만히 안아주었다.

## 나마스테

　세계 최고봉 초모랑마(에베레스트: 약 8,850미터)는 쉽게 모습을 드러내지 않았다. 첩첩이 주름처럼 겹친 봉우리가 일행을 따라왔다. 낮은 봉우리는 이름조차 없다는 히말라야산맥, 지대가 높아질수록 하늘은 더 멀리 달아났다. 나는 자꾸 하늘바라기가 되었다. 말갛게 헹궈진 가슴에 코발트빛이 담겼다.
　트레킹 도중 마을 어귀에 세워진 마니석을 만났다. 나도 모르게 다가가 새겨진 글자를 쓰다듬었다. 라마교 창시자인 구루 림보체를 기리는 '옴 마니 반메 훔' 문자가 새겨져 있었다. 옴 마니 반메 훔은 '연꽃 속에 있는 보석'이라는 뜻으로 이 주문을 계속

외우면 지혜와 공덕을 갖추게 되고, 관세음보살의 자비에 의해 번뇌와 죄악이 소멸한단다. 행운의 상징인 만(卍)자가 가리키는 방향이 왼쪽이기에 반드시 마니석 왼쪽으로 돌아야 한단다. 주술에 걸린 듯 셰르파가 이끄는 대로 걸었다.

곳곳에서 경전이 새겨진 마니차를 볼 수 있었다. 마니차를 돌리기만 해도 경전을 읽은 것과 진배없단다. 이방인인 나도 마니차를 돌려보았다. 손끝에 절로 기도가 실렸다.

세찬 바람이 불어왔다. '바람의 말'이라고 불리는 룽다Lungda에 깨알처럼 새겨진 불경을 바람이 읽고 지나갔다. 청색, 황색, 적색, 백색, 주황색의 신성한 깃발 룽다는 형체가 닳아 없어질 때까지 그대로 둔다. 룽다에 새겨진 부처님 말씀이 바람을 타고 날아가 중생을 해탈에 이르게 한다는 말이 실감으로 다가왔다.

봉우리를 감싼 구름이 서서히 걷히자, 아마다블람(6,812미터)이 자태를 드러냈다. '어머니의 진주목걸이'라는 뜻을 지닌 아마다블람은 마치 새가 너른 날개를 펴고 비상하는 형상을 하고 있었다. 아마다블람은 안나푸르나 3봉(7,555미터)의 남쪽에서 갈라져 나온 마차푸차레(6,997미터)와 알프스의 마터호른(4,478미터)과 더불어 세계 3대 미봉美峰으로 꼽힌다. 만년설을 이고 선 봉우리가 햇빛을 받아 고고한 빛을 내뿜었다. 누구랄 것 없이 두 팔을 벌리고 환호성을 올렸다.

잠시 바위에 기대어 숨을 돌렸다. 시계는 정오를 가리키고 있었다. 웅성거리는 소리가 잦아들더니 사위가 조용해졌다. 돌아보니 등반객들의 시선이 일제히 매트를 깔고 경건하게 서 있는 다섯 명의 젊은이를 향하고 있었다. 머리를 짧게 자른 젊은이들은 후리후리하게 키가 컸고, 근육이 드러나는 딱 붙는 반소매 티셔츠를 입고 있었다. 무슬림들의 등산복 차림이 낯설게 느껴졌다.

청년들이 일시에 이마를 땅에 대고 절을 하였다. 하루 다섯 차례 이루어진다는 무슬림의 예배 중 '태양이 천정을 지난 후 곧장' 드린다는 주흐르 예배(정오 예배)를 참관하게 된 것이다! 코란을 낭송하고 이마를 땅에 대는 것은 신에 대한 복종을 나타낸다. 그들의 의식에 경외감이 들었다. 무슬림들은 메카가 있는 방향으로 절을 한다고 했다. 그들의 눈길이 향하는 곳을 바라보다 나도 모르게 옷깃을 여몄다.

예배를 지켜보는, 세계 각국에서 온 각양각색의 등반객들을 둘러보았다. 호기심 어린 표정으로, 그러나 숙연하게 청년들을 바라보고 있었다. 누구도 종교를 이유로 이의를 제기하는 사람은 없었다. 괜스레 긴장한 마음이 풀어졌다.

최근 각국에서 벌어지고 있는 종교로 인한 갈등이 절로 떠올랐다. 알라신을 앞세운 일부 과격한 종파의 테러는 무서움증을 불러오기도 했다. 종교는 본래 화해와 사랑을 표방한다고 했다. 이러한 종교의 기원에서 우리는 얼마나 벗어나 있는 걸까? 어쩌면 나도 무슬림에 대해 괜한 오해를 품고 있었던 건 아닐까? 대자연 아래 펼쳐지는 예배를 바라보다 보니 종교의 이름으로 자행되고 있는 욕망들이 한낱 햇볕에 부서지는 먼지처럼 느껴졌다.

문득 아마다블람을 올려다보았다. 아마다블람은 인간사를 내려다보며 무슨 생각을 하고 있을까? 생각도 잠시, 거대한 산맥과 어깨동무하고 있는 봉우리에 미혹되었다. 일별하는 것만으로도 가슴속 번뇌가 사라지는 것 같았다. 불현듯 큰 바위나 나무만 보아도 두 손을 모으고 고개 숙이던 어머니가 생각났다. "무얼 빌으셨어요?" 묻는 나를 물끄러미 바라보던 어머니는 "그냥 이대로 지나칠 수는 없지 않니?" 하셨다. 바람이 선선하게 마음을 훑고 지나갔다.

예배를 마친 무슬림 청년들이 매트를 돌돌 말아 배낭 사이에 끼워 넣었다. 먼 여정을 챙긴 듯 불룩한 배낭이 제법 무겁게 보였다. 신발 끈을 조인 그들은 챙 넓은 모자를 쓰고는 성큼성큼 걷기 시작했다. 등산용 선글라스로 멋을 부린 이도 있었다. 여느 등반객들과 다를 바 없는 모습이었다. 서로의 어깨를 툭툭 치며 세상 환하게 웃는 모습에 언뜻 아들의 얼굴이 겹쳐졌다.

청년들이 나를 스치고 지나갔다. 나마스테! 나는 어느새 익어 버린 습관처럼 손을 모으고 인사를 건넸다. 나마스테는 '내 안의 신이 당신 안의 신을 존경하고 사랑합니다.'라는 뜻이란다. 그들도 나를 바라보며 나마스테! 한다. 검은 눈망울에 쌍꺼풀진 눈이 아름다웠다.

예배를 지켜보던 등반객들도 하나둘 움직이기 시작했다. 나마스테! 하며 나누는 인사가 사방에서 들려왔다. 마치 태초부터 알고 있었다는 듯 스스럼없이 튀어나오는 말, 나마스테! 이마에 연결된 띠에 의지해 무거운 짐을 짊어진, 맨발에 슬리퍼를 신은 포터가 설산의 주민답게 싱긋 웃으며 앞장서서 걷기 시작했다. 산중에 만국기처럼 걸쳐진 오색 타르초Tharchog가 우리를 마중하듯 바람에 휘날렸다.

## 귀천하기에 좋은 날

바그마티Bagmati강은 네팔의 수도 카트만두 동쪽을 흐르는 성지이다. 히말라야 만년설이 녹아내리며 형성된 강은 또 하나의 성지인 갠지스강의 상류이기도 하다. 이 강변에 파슈파티나트 사원Pashupatinath Temple이 있다.

파슈파티나트 사원은 유네스코 세계문화유산으로 등재되었으며 시바 신을 모신 신성한 사원으로 명성이 드높지만, 시신을 태우는 화장장으로 더 유명하다. 지위가 높거나 부자는 상류에서, 비천할수록 하류 화장터에서 장례를 치른다. 재가 되면 모두 하나의 강으로 흘려보내건만 마지막 의례에도 카스트제도는 진행

중이었다. 살랑 바람이 불고, 따가운 햇볕이 내리꽂혔다. 구름 한 점 없는, 귀천歸天하기에 딱 좋은 날씨였다.

때마침 강둑의 아랴 갓Anrya Ghat에서 화장이 진행되고 있었다. 금빛 비단 천을 덮고 주홍색 꽃 타래를 휘감은 시신이 대나무 들것에 실려 왔다. 망자亡者가 장작단 위에 반듯하게 올려졌다. 스물여섯 개에 불과한 장작더미가 소멸을 예고하고 있었다. 화려한 장식이 허상처럼 느껴졌다. 단 위의 사자死者는 낙엽처럼 메말라 보였다.

부모가 죽으면 아들들은 장례에 앞서 삭발을 한다. 시신의 둘레를 돌다 걸음을 멈춘 장남에게 불이 전달되었다. 먼저 고인의 입에 물린 기름먹인 실에 불을 붙였다. 연기가 모락모락 피어올랐다.

시신을 짚으로 덮자 고요가 엄습했다. 불이 댕겨졌다. 순식간에 주홍 불꽃이 너울댔다. 한 생生이 무無로 돌아가고 있었다. 여기저기서 탄식이 흘러나왔다. 울고 있는 남자가 보였다. 너울을 쓴 여인들이 눈물을 찍어냈다. 가족에 둘러싸인 고인은 외롭지 않아 보였다.

화장터는 만원이었다. 시신들이 한쪽에서 화장 순서를 기다리고 있었다. 유족들은 고인의 손과 발을 강물로 닦으며 오욕에 찌들었던 삶을 씻어낸다. 강물은 온통 먹색을 띠고 있었다. 힌두교도들은 이 강에 뿌려지길 일생 소원한다. 이 의식을 통해 고통스러운 윤회를 끊고 해탈의 경지에 이를 수 있다고 믿는다. 강가에서의 화장은 어머니에게서 태어나 다시 어머니에게로 돌아간다는 의미였다. 마치 우리가 잃어버렸던 시원始元을 찾은 듯했다.

강물로 들어가는 아이가 보였다. 아이는 긴 줄에 자석을 매달고 물속을 헤집고 다녔다. 흘려보낸 망자의 노잣돈을 찾는 것이다. 내 눈이 철퍽거리는 소년의 걸음을 따라다녔다. 아이는 둥둥 떠다니는 옷가지 몇 개를 주워들었다. 죽음을 훔치는 삶. 불경하게도 아무도 말리는 이가 없었다.

화장장 근처 공터에서 노인들이 느긋하게 해바라기를 하고 있었다. 아낙들이 강변에서 빨래를 했다. 툭툭 털어 널어놓은 빨래가 바람을 타고 훨훨 나부꼈다. 침통했던 마음이 빨래처럼 마르기 시작했다. 죽음은 삶을 너그럽게 껴안고 있었다.


화장터를 벗어나 파슈파티나트 사원으로 올라갔다. 사원은 각지에서 온 순례객들로 북적였다. 시바 신을 모시는 제단과 사원군들로 이루어진 방대한 규모였다. 중앙에 우뚝 선 사원의 지붕이 황금빛으로 찬란하게 빛났다. 이 사원의 문 안쪽에 시바 신이 타고 다닌다는 소, 난디Nandi의 거대한 황금 신상이 모셔져 있다. 소를 신성시하는 이곳의 관습이 이해되었다. 축복이 폭포처럼 내린다는 곳, 그러나 힌두교도가 아닌 이방인은 들어갈 수 없었다.

한 움큼의 향을 든 사람들이 한 사원 앞에 길게 늘어서 있었다. 향연이 가득한 내부로 들어서니 숨이 막혔다. 차례차례 신상 앞에 놓인 향로에 향을 꽂고 소원을 빌고 있었다. 두 손을 모으고 연신 고개를 조아리는 모습, 낯설지 않았다.

사원을 배경으로 웨딩사진을 찍는 커플이 있었다. 정장 차림의 신랑과 빨간 드레스를 입은 신부가 다정하게 포즈를 취했다. 신부의 미소가 환했다. 행복의 출발점에 선 두근거림이 고스란히 전해졌다. 한적한 벤치에서 연인들이 데이트를 즐기고 있었다. 아이들이 장난을 치며 떠들썩하게 정원을 뛰어다녔다. 웃음소리가 사원 곳곳에서 들려왔다.

파슈파티나트는 파괴와 창조의 신 '시바'의 이름 중 하나이다. 파슈Pashu는 생명체를 뜻하고 파티pati는 존엄한 존재를 의미한다. 생명을 관장하는 존엄한 파슈파티나트 사원에는 신을 향한 경건한 경배 이면에 우리네 삶에 대한 경외감이 넘치고 있었다. 시바 신이 베푼 은혜일까?

사원의 돌기둥 사이로 원숭이가 보였다. 관광객이 바나나를 바닥에 내려놓자 기다렸다는 듯 재빠르게 녀석이 달려들었다. 등에는 새끼가 매달려있었다. 원숭이 먹이도 살 겸 길가에 즐비하게 늘어선 가게로 향했다. 점방마다 열대과일들이 주렁주렁 걸려있었다. 성물들과 귀걸이, 목걸이, 팔찌, 부채, 인형, 천연염색한 수공예품 등등 진귀한 잡화가 나를 잡아당겼다. 가지고 싶은 물건이 보이면 가슴이 쫄깃했다. 빈손으로 돌아가는 현장을 숙연하게 보고 왔건만 그새 허욕에 마음자리를 내어주고 있었다.

사원 계단 곳곳에 사두sadhu들이 쭈그리고 앉아 있었다. 사두는 사리사욕을 버리고 힌두교의 가르침에 따라 평생 수행하는 사람이다. 터번을 두르고 얼굴에는 천연물감을 칠하고 이마에는 자신의 종파를 나타내는 표식을 했다. 덥수룩한 수염, 겹쳐 입은 너덜너덜한 옷, 주렁주렁 늘어뜨린 염주, 흡사 걸인 같았다. 그들 앞에 돈이 놓였다. 형형색색으로 칠한 사두에게 가까이 다가가자, 손사래를 치며 붙여놓은 종이를 가리켰다. 사진을 찍으려면 5달러를 내란다. 세속적인 모습에 잠시 당황했다.

한 사두가 엄지손가락에 빨간 파우더를 발라 신도들의 이마에 찍어주며 기도해 준다. 양미간 사이의 빨간 점은 힌두교도들의 상징으로 제3의 눈, 혹은 축복, 기원 등의 의미가 있다고 한다. 연신 고개를 조아리는 신도들, 간절한 눈빛이다. 한 할머니가 손녀의 손을 끈다. 소녀의 이마에도 빨간 점이 생겼다. 서로 바라보며 싱긋 웃는다. 나도 누군가의 손에 이끌려 축복의 점 하나, 문신처럼 새기고 싶어졌다. 어느새 내가 여기에 있다는 것, 그 하나가 축복처럼 느껴졌다.

언덕에 올라 바라보니 아랴 갓에선 아직도 연기가 피어오르고 있었다. 순식간에 체험한 삶과 죽음의 공존이 생의 파노라마처럼 스쳐 지나갔다. 소풍 같은 날들이 스러지면 나는 돌아가 과연 아름다웠더라고 말할 수 있을까?

## 삶이 그대를 속일지라도

 복잡한 현실에서 훌쩍 벗어나고 싶으면 도심에서 가까운 강화도를 찾곤 했다. 그곳에 이색 카페가 생겼단다. TV 방송 덕분에 유명세를 탄 그 카페는 핫 플레이스 데이트 코스, 빈티지 미술관, 우리나라 섬유의 역사지 등으로 다양하게 소개되고 있었다. 소식을 듣자마자 나는 그 길로 차를 몰았다.
 카페 입구 조형물에 조양방직이라 새겨진 간판이 보였다. 그 너머로 슬레이트 지붕의 허름한 공장이 나타났다. 강화도 조양방직은 1933년 일제 강점기에 한국인이 세운 최초의 레이온 원단 생산 공장으로 한때 섬유산업을 선도했다. 주지하다시피 방직공장들은 1970년대 정부의 방침에 따라 대구나 구미로 옮겨 갔고 당시의 명성은 유명무실해졌다. 화재로 많은 곳이 소실되어 폐허가 되다시피 한 공장은 2018년에 이르러서야 거대한 빈티지 갤러리로 탈바꿈했다. 공장의 파란만장한 연혁이 마치 고달픈 인생사처럼 다가왔다.

넓은 마당에는 갖가지 조형물들이 들어서 있었다. 공중전화 부스와 다이얼식 전화기, 빛바랜 여신상, 뻘건 녹을 뒤집어쓴 난로, 철 수레에 실린 마네킹, 고장 난 고물 버스, 펑크 난 손수레, 크고 작은 목마들 등 곳곳에서 옛 풍물들을 만날 수 있었다.

그 가운데 시커멓게 그을린 네모반듯한 건축물이 유난히 눈에 띄었다. 지붕 위 황소 조형물이 기세등등했다. 바로 공장의 금고였다. 공장이 성업 중이던 시절에는 삽으로 돈을 퍼 넣었다는 소문이 자자했다. 기氣 받아 가라는 푯말에 마음이 동해 내부로 들어갔다. 알전구 밑에 달랑 탁자 하나와 의자 두 개, 옛 영화가 한낱 물거품처럼 느껴졌다.

공장 안 천장에는 얼기설기 얽혀있는 대들보와 서까래가 드러나 있었다. 마감재가 떨어져 나간 벽마다 시멘트 블록이나 벽돌이 고개를 내밀었다. 그것들은 지난 시간의 흔적들을 고스란히 보여주고 있었다. 그 무엇도 시간의 풍화작용을 이겨낼 수 없다는 걸 온전히 실감하게 했다.

넓은 회랑에 테이블이 길게 두 줄로 놓인 장면은 마치 대형 영화 세트장을 방불케 했다. 아마도 옛 공장의 생산라인인 듯했다. 그 규모를 가히 짐작할 수 있었다. 천장의 유리창으로 밝은 채광이 쏟아져 내렸다. 낡은 의자에 앉은 관람객들이 한가롭게 차를 마시며 담소를 나누고 있었다. 이곳에서의 시간은 유독 천천히 흐르는 듯했다. 심리적 시간의 속도와 질량은 공간의 차이와 추억의 무게에 따라 달라지는 걸까?

커피를 가지러 가는 통로에는 액자들이 줄지어 걸려있었다. 작자 미상의 철 지난 누드화, 정물화, 인물화들이 눈길을 끌었다. 무심결에 낯익은 액자가 눈에 들어왔다. 알렉산드르 푸시킨(1799~1837)의 시가 박힌 그 유명한 이발소 액자였다. 나는 가던 길을 멈추었다. 불쑥, 그때 그 시절이 눈앞으로 튀어나왔다.

어린 시절 아버지를 찾으러 가곤 했던 이발소, 그 벽에도 예의 이 액자가 걸려있었다. 아버지의 이발이 끝나기를 기다리며, 뜻도 모르는 그 시를 읽다 보면 알 수 없는 애틋한 슬픔이 가슴속에 일렁였다.

> 삶이 그대를 속일지라도
> 슬퍼하거나 노여워 말라
> 슬픈 날을 참고 견디면

기쁜 날이 오리니

마음은 미래를 바라느니
현재는 한없이 우울한 것
모든 것 하염없이 사라지나
지나간 것 그리움이 되리라

— 푸시킨 시, 「삶이 그대를 속일지라도」 전문

시를 쓸 당시 푸시킨은 러시아 황제 알렉산드로 1세에 의해 추방되어 유배 생활 중이었다. 이 시구가 이국 만 리 머나먼 이곳 허름한 이발관에서 촌부들의 심심한 위로가 되었다는 걸 시인은 알고나 있을까? 바가지로 부어주는 물에 머리를 감고 있다 나를 보고 찡긋 웃곤 했던 아버지가 새삼 그리웠다. 액자 앞에서 나는 멍하니 아버지를 읽고 있었다.

한 시절 흔하게 보았던 괘종시계, 앙증맞은 미키마우스 인형, 손때 묻은 도널드 덕 모자, 엘비스 프레슬리가 마이크를 들고 노래하는 조각상, 마릴린 먼로가 바람에 치마를 날리는 조각상, 연주할 때마다 아직도 잊지 않았다는 듯 풍풍거리며 옛날을 소환하는 풍금, 타이어를 개조해 만든 탁자와 재봉틀을 고쳐 만든 식탁, 각기 다른 모양과 크기의 의자들, 뒤뚱거리는 책상, 망가진

타자기 등이 은근하게 옛 자태를 뽐내고 있었다. 만지고 쓰다듬고, 앉아보고, 기대다가 문득 저마다에 배어있을 절절한 이야기를 한꺼번에 듣고 있는 듯한 느낌이 들었다.

얼마 동안을 그렇게 시간을 잊고 앉아 있었던 걸까? 갑자기 추위와는 다른 한기가 느껴졌다. 나도 이미 추억의 부장품이 된 건 아닐까? 내 치열했던 삶의 궤적들은 다 어디로 사라진 걸까? 어쩌면 나도 이미 박제된 박물관 속 또 하나의 풍물에 지나지 않을지도 모른다는 생각이 들었다. 살아왔고, 살아간다는 자체가 시간의 박물관 같은 건 아닐까?

손가락 사이로 빠져나갔던 옛 인정들을 하나하나 떠올려보았다. 소중했던 시간들이 서서히 나를 깨우고 있었다.

# 나를 버리지 마옵소서

30만 명이 동시에 미사를 올릴 수 있다는 파티마 광장은 과연 소문대로 엄청난 규모를 드러내고 있었다. 광장 중앙의 '성모발현경당'에 세워진 '소성당'을 중심으로 서쪽엔 '삼위일체 성당'이, 동쪽엔 '로사리오 성모 대성당'이 자리 잡고 있었다.

소성당을 향해 이어져 있는 '참회의 길'이 눈길을 끌었다. 무릎으로 걷거나, 오체투지를 하듯 엎드려 기도하는 참배객들이 경이로웠다. 얼마나 많은 기도가 이 흰 대리석을 다녀갔을까? 반들거리는 길이 괜스레 아프게 다가왔다.

성지에 몸을 담그자 불쑥 찾아온 기억이 나를 흔들어댔다. 불교 신자였던 시어머니는 한 집에서 두 신을 모시면 집안이 망한다는 말을 입에 달고 살았다. 천주교도인 나는 신심이 두터운 편이 아닌데도 가시방석에 앉은 듯 편치 않았다. 오래 망설인 끝에 첫영성체 때부터 인도해 준 이사웅 안토니오 신부님을 찾아갔다. 뜻밖에도 신부님은 가정의 평화를 위해 순종하라며 "부모님께 순종하는 것도 하나님의 뜻"이라 했다. 성당을 나와 정원에 서 있는 성모님 성상 앞에 촛불을 켜고 무릎을 꿇었다. '내가 당신을 잠시 떠나도, 당신은 나를 버리지 마옵소서.' 지금에 와 생각하면 오만하기 짝이 없는 기도였다. 그간 나는 생활을 핑계로 성당과 점점 멀어졌다.

삼위일체 성당에 들어서려니 흰색으로 꿰어진 대형 묵주상이 눈앞을 가로막았다. 성모 발현 100주년을 기념하여 설치한 조형물이었다. 8,500석을 갖춘 원형의 대형 성당은 2007년 밀려드는 순례객들을 위해 지어졌다. 성당 문 옆 유리로 된 벽면에는 성경 구절이 세계 각국어로 새겨져 있었다. "인간이 무엇이기에 이토록 기억해 주십니까? 사람이 무엇이기에 이토록 돌보아 주십니까?" 한글로 쓰인 시편 8장 4절을 발견하곤 가슴이 먹먹해졌다. 나는 무슨 연유로 이곳에 와 이 구절을 읽고 있는 걸까?

성당 앞에 강철로 된 거대한 십자가상이 있었다. 독일 조각가 로베르트 샤드의 작품으로 십자가에 달린 예수님을 추상적으로 표현하였다. 바람이 옷자락을 흔들며 내게 존재에 대한 물음을 던져왔다.

포르투갈의 파티마는 프랑스의 루르드와 멕시코의 과달루페와 함께 세계 3대 성모 발현 성지로 꼽힌다.

세계 제1차 대전 중인 1917년 5월 13일, 목초지에서 놀고 있던 목동들(열 살의 루치아 도스 산토스, 아홉 살 프란치스코 마르토와 일곱 살 히야친타 마르토) 앞에 갑자기 번개와 같은 섬광이 내려치더니 '천상의 빛으로 둘러싸인 아름다운 부인'이 나타났다. 그녀는 하얀 옷에 베일을 걸치고 진줏빛 묵주를 든 양손을 가슴에 모으고 맨발로 구름을 밟고 서 있었다. 부인은 자신을 '로사리오의 여왕'이라고 칭하며 아이들에게 매월 13일 같은 시각에 이곳으로 오라고 했다.

10월 13일, 여섯 번째 성모 발현을 보려고 태풍과 폭우에도 불구하고 약 7만 명의 신도들이 운집했다. 그들은 10여 분간 태양이 기기묘묘하게 변하는, 이른바 '태양의 기적'을 목격하게 된다. 이 기이한 현상은 현장에 있던 기자들과 참배객들을 통해 세계로 알려지게 되었다. 1930년 10월 13일 레이리라 주교가 성모 발현과 예언을 공식 인정했고, 바티칸 교황청도 파티마를 성모 발현지로 선포했다. 5월 13일은 파티마 성모 발현 기념일로 제정되었다. 인구 만 명이 거주하던 작은 마을은 연간 400만 명의 순례객을 맞이하는 성지가 되었다.

성모님의 핵심 메시지는 일명 세 가지 '파티마의 비밀'에 들어 있다. 첫 번은 무시무시한 지옥의 장면을 보여주었고, 두 번째는 제2차 세계대전의 발발을 구체적으로 예언했다. 1981년 5월 13일, 교황 요한 바오로 2세에 대한 암살 기도가 있은 후 바티칸 당국은 '파티마의 세 번째 계시는 충격을 받고 땅바닥에 쓰러진 흰옷 차림의 사제에 관한 것'이라고 발표했다. 성모님은 세계 평화와 죄인들의 회개를 위해 기도와 희생 및 보속을 하고, 마리아 성심께 자신을 봉헌하라는 메시지를 남겼다. 특히 발현 때마다 로사리오 묵주기도를 바치라고 당부했다.

광장을 가로질러 로사리오 성모 대성당으로 향했다. 네오클래식 양식으로 지어진 성당은 1954년 봉헌되었다. 500여 명이 앉을 수 있는 성당 내부에는 성모 발현 당시의 상황이 스테인드글라스로 표현되어 있었다. 성모님을 최초로 목격한 세 사람이 성당 안에 안치되었다.

광장에 서서히 어둠이 내렸다. 로사리오 대성당 외곽에 불이 들어왔다. 야경이 성스럽게 빛났다. 성당 앞 계단에 앉아 신앙을 떠나 냉담자로 살아온 지난날을 떠올리니 만감이 교차했다.

소성당에서 미사가 시작되었다. 광장은 순례객들로 문전성시를 이루었다. 초에 불을 켜고 미사에 참례했다. 각국 신부님들이 공동으로 미사를 집전했다. 다양한 언어로 축복이 내려졌다. 우리말이 들려왔다. "서로 평화의 인사를 나누십시오." 성스러운 광장에서 듣는 모국어 메시지라니! 가슴이 벅차올랐다. "평화를 빕니다." 두 손을 모으고 이국인들과 서로의 언어로 평화를 빌었다. 지구촌 곳곳으로 평화의 기운이 퍼져나가길 기도했다.

촛불 행진이 시작되었다. 흑인 신부님이 십자가를 들고 앞장섰다. 그 뒤를 따라 성직자들이 왕관 쓴 성모님의 고상을 받들고 광장을 돌기 시작했다. 이어서 참배객들이 따랐다. 광장을 돌다 문득 돌아보았다. 촛불 행렬은 커다란 원을 그리며 광장을 가득 메우고 있었다. 장관을 이룬 광경에 나도 모르게 울컥했다.

순간 환청이 들려오는 듯했다. "곁에 계신 성모님이 우리의 기도를 들어주시는데 무슨 걱정입니까?" 가슴 속에서 뜨거운 눈물이 솟구쳤다. 촛불을 들고 하염없이 걷고 또 걸었다. 바람에 촛불이 꺼지면 누군가 다가와 불을 붙여주었다. 신자이든 아니든 숙연한 표정으로 하나가 되어 움직였다. 성스러운 분위기에 밤이 깊어지는 줄도 몰랐다. 십자가와 성모상이 소성당으로 사라지고 미사가 막을 내렸다. 하지만 한동안 촛불의 여운은 눈앞을 어른거렸다. 누구도 쉽사리 광장을 떠나지 못했다.

성지를 나오다 1994년 옮겨 온 '베를린 장벽'을 만났다. 울퉁불퉁한 벽이 산전수전 다 겪어낸 노장의 얼굴처럼 보였다. 교황 요한 바오로 2세는 성모님이 처음 발현하셨을 때보다 오늘날에 "평화의 메시지가 더 유효하고 더 긴급하다."고 하셨다. 분단의 아픔을 안고 살아가는 우리나라 현실이 장벽에 투영되었다.

성지를 나서며 성모님께 여쭈었다. 저를 왜 이곳에 불러들이셨나요? 제가 무엇이기에 이토록 기억해 주십니까? 부질없이 떠돌고 있는 제가 돌아오길 아직도 기다리고 계시는 겁니까? 허공을 올려다보니 눈썹 같은 달이 웃고 있었다. 옛날의 기도를 되찾을 수 있을까? 쌀쌀한 바람이 부는 언덕에 서서 나는 추위도 잊은 채 오래도록 광장을 응시하고 있었다.

## 나 좀 내려주세요

155번 버스가 왔다. 반가운 마음에 얼른 올라탔다. 버스 안은 한산했다. 금호동 로터리를 지나 2차선 도로로 들어섰다. 멀리 금호극장이 보인다. 다 왔다! 엉거주춤 몸을 일으켰다. "이 차는 종점에서만 서요! 거기, 앉아 있어요!" 목소리에 움찔한다. "저기가 우리 집인데요…." 손가락으로 가리켰다. "나 좀 내려주세요." 대답이 없다. 버스는 전속력으로 질주한다. 종점이라니! 한 번도 가 본 적 없다. 울음이 터져 나온다.

퍼뜩 잠이 깨었다. 또, 그 꿈이었다! 왜 자꾸 이러는 걸까? 이제는 사라진 155번 버스가 며칠째 잠자리를 어수선하게 했다. 새벽 창을 열었다. 푸르스름한 빛 속에 연전에 다녀온 금호동의 풍광이 담겼다.

  그날 외당숙의 장례미사가 있었다. 언덕 위의 성당은 고풍스러운 옛 모습 그대로였다. 여기에서 나는 첫영성체와 견진성사를 받았다. 외당숙은 나의 대부였다. 장례를 마치고 성당 옆, 고인의 집에 들렀다. 외당숙모가 영정사진을 벽에 걸었다. 사진 속 핸섬하고 다정한 얼굴에는 웃음기가 감돌고 있었다. 성당 주일학교 교장이었던 그의 후광을 믿고 철없이 으쓱거렸던 기억이 떠올랐다. 그분의 넉넉했던 품이 그리웠다.

  터덜거리며 언덕을 내려오다 모교인 금호초등학교 앞에서 걸음을 멈추었다. 생각보다 학교도 교문도 작았다. 담장에는 넝쿨장미가 한창이었다. 학교는 동네 친화적 리모델링으로 방송을 타기도 했다. 교문은 굳게 잠겨 있었다.

  여름에는 찌는 듯이 더웠고, 겨울에는 얼어붙을 듯 추웠던 양철 지붕 교실을 나도 모르게 눈으로 찾았다. 내가 다녔던, 꽃고무신을 신고 운동장을 달리다 벗겨지곤 했던, 내 가방에 넣어 주겠다던 옥수수빵을 짝꿍이 자기 가방에 슬쩍했던, 고무줄을 끊고 도망간 머슴아들을 잡으러 다녔던, 철봉에 매달리면 동전이 우수수 쏟아졌던, 구령대에 올라가 웅변을 했던 학교 모습은 남아있지 않았다. 견고하고 세련되게 변모한 모교가 격세지감을 느끼게 했다.

아이들이 바글바글했던 문방구, 보기만 해도 군침이 돌았던 떡볶이집은 낯선 건축물로 바뀌었다. 당시 금호동 2가는 부촌으로 불렸다. 층계 위에 대문이 있던 집들은 덩치가 크게 보였다. 외국인과 결혼한 유명 여배우의 으리으리한 집도 있었다. 무엇보다 큰길을 건너지 않아도 학교에 갈 수 있었다. 학생 수가 포화 상태였기에 금호동 1가에 살았던 우리네는 옥수나, 옥정초등학교로 쫓겨 갈 위기에 놓였다. 사실 신축된 학교가 더 멀었다. 조마조마하며 학교에 다녔던 기억이 새로웠다.

지하철 출입구가 입을 벌리고 있는 양옆으로 높다란 건물들이 펼쳐진 로터리에 서서 1가 쪽을 바라보았다. 아! 놀랍게도 아파트 군락이, 넓은 대로가 시원하게 펼쳐져 있었다. 그 많던 판잣집은 어디로 사라진 걸까? 생경한 모습이 믿어지지 않았다.

우리도 조금 더 버티었다면 저 아파트 어디께에서 살지 않았을까? 마치 내가 환골탈태라도 한 듯 어깨가 펴졌다. 여기던가, 저기던가 더듬더듬 옛 흔적을 찾아 나섰다. 정류장을 환하게 했던, 꿈의 궁전 금호극장이 보이지 않았다. 주변에 자리 잡았던 시장도 사라졌다. 골목 어귀에 있던 만화방도, 어머니가 가끔 들러 호빵을 사주었던 구멍가게도, 대낮에도 **빨간 불빛이 어른거**

리던 정육점도, 하굣길에 학생들의 공복을 자극하던 즉석 튀김집도, 너무 바투 잘라서 또래들의 입을 내밀게 했던 미장원도 남아 있지 않았다. 여긴가 싶으면 아니었고, 저긴가 싶어도 알 수 없었다. 어쩌면 이렇게 깡그리 달라질 수 있을까?

당황한 걸음이 헛방을 놓았다. 우리 집은 아까시 꽃잎이 흩날리던 산꼭대기 바로 아래 있었기에 언제 와도 쉽게 찾을 수 있으리라 믿고 있었다. 장독대에 오르면 멀리 남산타워가 보였던 집이다. 마음의 동선을 따라 발걸음이 자꾸만 위로, 위로 향했다.

나 살던 집이 여기 어디쯤일까? 아침이면 너도나도 불려 나와 골목을 쓸었고, 해거름이 되면 쓰레기통에는 연탄재가 쌓였다. 저녁때가 되면 아무개야 밥 먹어라! 하는 엄마들의 목소리가 골목을 떠들썩하게 했다. "노마야, 이놈아 얼른 들어와!", "승협이 어디에 있니! 죽 먹어라!" 호명 소리로 좁은 골목은 북새통을 이루었다. 나는 용케도 엄마의 목소리를 알아챘다. 공기놀이, 고무줄놀이로 더러워진 옷을 털며 의기양양 집으로 뛰어갔다. 어둑해져도 부르지 않으면 돌아가기 싫었다. 골목에 자욱했던 소리는 마치 고향의 언어처럼 때때로 나를 찾아와 가슴을 적셨다.

골목은 음식 냄새를 감추지 못했다. 흥택이네서 기름 냄새를 풍기면 하나, 둘, 셋, … 열을 세었다. 아니나 다를까, "호박 부침개 좀 드시래요." 하며 흥택이가 접시를 들고 불쑥 들어왔다.

기다렸다는 듯 아랫집 경태가 헐레벌떡 뛰어왔다. 녀석들은 저녁 먹을 때까지 집으로 돌아가지 않았다. 남동생과 치고받고 떠드는 소리가 골목에 낭자했다. 시끄럽다고 말리는 사람은 아무도 없었다.

유일하게 피아노 치는 동갑내기도 있었다. 그 애는 학교에서 돌아오기 무섭게 피아노를 쳐댔다. 그 애와는 얼굴을 마주친 적이 없었다. 동네 아주머니들은 구불구불하고 가파른 이 꼭대기까지 어떻게 피아노를 들고 왔을까? 궁금해하다가, 이런 빈촌에서 피아노를 가르치는 게 가당키나 하냐고 쑥덕대었다. 피아노가 고가의 악기인지 그때는 몰랐다.

한 번은 그 집 앞을 지나다 피아노 연주에 이끌려 한참을 서 있었다. 처음으로 피아노 소리가 아름답다고 느꼈다. 그 후 피아노는 나의 로망이 되었고 연주 소리가 들리면 걸음을 멈추는 버릇이 생겼다.

연탄가스에 질식해 동치미를 마시고 깨어난 어느 겨울 끝자락, 어머니가 나를 데리고 아랫마을로 내려갔다. "저기 저 집을 판다는데, 글쎄 기름보일러를 땐단다. 우리 집보다 아주 비싸지만, 저런 곳으로 이사 갈 수 있으면 참 좋겠지?" 마루에는 유리문이 달려있었다. 그날 나는 돈 많이 벌어서 어머니께 꼭 그 집을 사드리겠다고 결심했다.

추억이 아로새겨진 골목은 대체 어디로 사라진 걸까? 가슴에 살고 있었던 풍경들은 그 근원지를 잃어버리고 말았다. 추억이 방울방울 흘러내렸다. 진정 내가 찾고 싶은 건 무엇일까? 어디로 가야 답을 들을 수 있을까? 그날 내 그림자는 하염없이 맴을 돌았다.

155번 버스는 어쩌면 오늘 밤에도 나를 태우러 올지 모른다. 그날의 상실감이 지병처럼 날마다 나에게 날아오고 있었다.

# 인생이란 언제나 뜻대로 되지는 않는다

 문득 걸음을 멈추고 거리를 바라보았다. 이대로 아무 버스나 잡아타고 멀리 떠나버릴까? 바람이 옷자락을 흔들었다. 스쿠터를 탄 한 쌍의 젊은이가 팝콘 같은 웃음을 터뜨리며 곁을 지났다. 순간 영화 「로마의 휴일」(1953년, 윌리엄 와일러 감독)이 떠올랐다. 가슴이 방망이질하기 시작했다.

 과도한 스케줄에 시달리던 앤 공주(오드리 헵번 분)에게 의사는 "최선책은 잠시라도 하고 싶은 것을 하는 것"이라고 했다. 나는 충동적으로 인천공항행 버스에 올라탔다. 영화의 한 컷, 한 컷이 차창에 서렸다. 각국의 대사를 영접하는 자리에서 긴 드레스 속 하이힐을 살짝 벗어놓는 장면이 생각나 구두를 벗었다. 발바닥이 한숨을 토했다.

영화는 앤 공주의 일탈을 그리고 있다. 특종을 노리고 접근한 신문기자 조(그레고리 펙 분)에게 공주는 들뜬 표정으로 말한다. "온종일 좋아하는 것만 하고 싶어요. 노상 카페에 앉아보고, 쇼핑하고, 빗속을 걷고…. 재미있고 아주 흥미로울 거예요." 조는 못 할 이유가 없다고 부추기며 오늘은 '휴일'이라고 한다.

서로 신분을 숨긴 채 공주와 조는 스쿠터를 타고 로마 곳곳을 돌며 꿈같은 하루를 보낸다. 조와 공모한 사진작가 어빙은 그런 공주의 모습을 몰래 찍는다. 조와 공주는 사랑의 감정을 느끼게 되지만, 현실에서 그들의 관계는 불가능하다. 조는 말한다. "인생이란 늘 좋은 것만 있는 게 아니잖아요?" 결국 공주는 자신이 돌아가야 할 자리가 있음을 깨닫는다.

조와 공주는 공식 인터뷰 자리에서 이별의 악수를 한다. 그간 찍은 사진들을 그녀에게 전달한다. 공주가 사라지자 조는 망연하게 홀을 바라본다. 돌아서 나오는 조의 구두 소리가 쓸쓸한 궁정을 울리며 엔딩 크레딧이 올라간다.

마치 어제 본 듯 장면들이 선명하게 다가왔다. 사실 나는 영화가 가져온 갖가지 부작용에 시달리고 있었다. 툭하면 일탈을 꿈꾸었고, 로맨틱 코미디류를 즐겨 보게 되었다. 앤 공주가 젤라토를 먹던 스페인 광장, 조각상 '진실의 입', 콜로세움, 포로 로마노, 바르카차 분수, 산타 젤로 성, 콜로나 궁전, 노천카페, 게벨 강 등등 로마의 풍광을 담고 있는 영화는 '로마 앓이'라는 심각한 병을 불러왔다. 병이 깊어 질 무렵 운 좋게도 로마행 티켓이 손에 들어왔다.

영화의 장면들을 떠올리며 스케줄을 짰다. 곳곳에서 오드리 헵번의 숨결을 찾으려 애를 썼다. 금방이라도 그녀가 상큼하게 웃으며 튀어나올 것만 같았다. 하지만 들뜬 기분은 스페인 광장을 들어서면서부터 무너지기 시작했다. 공주가 서 있던 계단에는 사진을 찍으려는 수많은 관광객으로 발 디딜 틈이 없었다. 계단 아래에는 젤라토를 파는 노점상이 즐비했다. 관광객에게는 터무니없이 비싼 값을 불러댔지만, 그냥 지나칠 수 없어 추운 날씨에 덜덜 떨며 아이스크림을 먹었다. 달콤하기는커녕 불량식품 맛이 났다. 헵번은 어떻게 이걸 그리 맛나게 먹었던 걸까?

콜로세움으로 갔으나 입장 시간에 늦었다. 건축물에 어스름이 내려앉았다. 입구에는 푸르스름한 조명등이 켜져 있었다. 거대한 조형물을 끼고 묵묵히 걸었다. 머릿속에 가득했던 로마에의 환상은 산산이 부서졌다. 영화 같은 현실은 어디에도 없었다.

로마행은 시집살이에 매였던 내가 처음으로 오롯이 나만 데리고 떠났던 여행이었다. 고달픈 쳇바퀴에서 벗어난 나는 마음 가는 대로 로마의 거리를 쏘다녔다. 색색의 스카프가 진열된 가게를 기웃거리고, 열쇠고리 파는 기념품 집을 들락거렸으며, 피자집을 찾아 뒷골목을 헤매었다. 스쿠터 대신 택시를 타고 사방에 흩어져 있는 유적지를 순례했다. 시간은 느긋했고 태양은 눈부셨다. 낯선 집 마당에 널어놓은 빨래가 바람에 휘날리는 걸 바라보다 까닭 없이 눈물이 핑 돌기도 했다.

트레비 분수에 동전을 거꾸로 던지면 다시 로마로 온다고 했던가? 아직 로마행은 요원하기만 하다. 눈코 뜰 새 없는 일상에서 로마의 풍광은 잠시 잠깐 떠올랐다 사라지길 반복했다. 여행 당시에는 몰랐지만, 시간이 흐른 후 돌이켜 보니 로마 여행은 앤 공주 못지않게 나에게도 달콤한 일탈이었음을 깨닫게 되었다.

버스가 인천공항 도착을 알렸다. 하릴없이 대합실을 어슬렁거렸다. 관광객들이 캐리어를 밀며 들뜬 표정으로 오갔다. 출국 절차를 밟고 있는 사람들 틈에서 괜스레 설레다 이방인이 되었다. 비행기 출발을 알리는 전광판 앞에 한참을 서 있다 걸음을 옮겼다. 에스컬레이터를 타고 입국장으로 향했다. 문이 열릴 때마다 사람들이 밀려 나오고 서로 얼싸안고 반기는 모습들에 눈길이 머물렀다. 따스한 기운이 몸을 감쌌다.

여행에 앞서 나는 버릇처럼 돌아올 날부터 메모하곤 했다. 마치 돌아올 곳이 있기에 떠난다는 것처럼…. "왕실과 조국에 대한 의무를 잊고 있었다면 오늘 밤 돌아오지도 않았을 거예요. 영원히!" 궁으로 돌아온 공주를 심하게 채근하는 공작과 백작 부인에게 했던 앤 공주의 단호한 말이 문득 가슴을 서늘하게 했다.

대합실 창이 어둑해졌다. 무엇에 이끌리듯 서울행 버스에 오른다. 버스는 나를 다시 집 앞에 내려놓으리라. 나도 모르게 한숨을 내쉬었다. 공주의 마음도 이러했을까? 공항에서 멀어질수록 점점 가슴이 답답해진다. 오늘 해결해야 했을 산적한 일들이 하나둘 나를 나무랐다. 언젠가 나에게도 진정한 '휴일'이 찾아올까? "인생이란 언제나 뜻대로 되지는 않는다."는 영화 속 대사가 오늘따라 새삼스럽게 다가왔다.

### 태초의 목소리

Fish On! 외침이 휘파람처럼 귓전을 울린다. 소리는 순식간에 알래스카를 소환한다. 나를 휘감았던 더위가 삽시간에 시든다. 마음은 어느새 앵커리지로 날아가고 있다.

**올케의 텃밭에서**

새벽 4시에 눈이 떠졌다. 해는 이미 만개해 있었다. 살그머니 일어나 이층 창가에 서서 녀석들을 기다렸다. 뒷마당 너머에는 청록이 우거진 숲과 어두운 늪지대가 드넓게 펼쳐져 있었다. 문득 커다란 덩치가 풀숲에서 쓱 나오더니 잔디밭에 주저앉았다.

잠시 후 자그마한 새끼가 모습을 나타냈다. 말로만 듣던 무스 moose 모녀였다. 나는 숨을 죽였다.

모녀는 곧장 텃밭으로 돌진했다. 아차, 하는 사이 올케가 심어 놓은 열무와 상추 등속을 뜯어 먹기 시작했다. 언제 일어났는지 올케가 이놈! 하며 슬리퍼를 던졌다. 소스라치게 놀란 녀석들이 순식간에 수풀 속으로 사라졌다.

텃밭은 참담했다. "괜찮아요. 곧 다시 자랄 거예요." 애쓰는 올케에게는 미안하지만, 나는 무스가 안쓰럽게 느껴졌다. 어쩌면 이 땅은 원래 무스들의 이동 경로였을지 모른다.

봄이 되면 앵커리지시에서는 곰 분포도를 발표한다. 총 개체 수, 활동 지역 등이 표시된 지도를 작성하는 것이다. 사람과 야생의 상호 공존을 위해 필요한 조치이다.

곰을 본 적이 있다며 동생이 집 근처 자작나무 숲을 가리켰다. 곰은 알래스카에서 제일 무서운 존재이다. 냉장고를 뒤지고 집 안을 난장판으로 만들기도 한다. 쓰레기통은 자주 곰의 표적이 된다. 그래서인지 쓰레기통은 쇠로 만들어져 있었다. 곰을 비루한 도적으로 만든 건 누구일까?

무스와 곰을 비롯해 사향소, 순록, 산양, 사슴, 늑대, 여우, 흰머리수리 bald eagle, 뇌조 등 90여 종의 육지 동물과 물개, 바다 표범, 돌고래, 해달, 고래 등의 바다 생물이 공존하고 있는 알래스카는 야생동물의 분포도가 세계에서 가장 높은 곳이다. 알래스카 전역은 자연의 보고이자 천혜의 자연공원이다. 여기에서 느닷없이 자연보호를 외쳐대고 있는 인간의 행태가 낯 뜨겁게 느껴졌다.

### 대자연에 깃든 정령

빙하가 녹은 물이 세차게 강물로 흘러들었다. 빙하가 다 녹아내리고 있는 건 아닐까 걱정이 될 지경이었다. 석회가 섞인 강물은 회색빛을 띠고 있었다. 살짝 발을 담가 보았다. 얼어붙을 듯 온몸이 떨려왔다.

숲속 캠핑장에 도착했다. 관리인이 보이지 않아 구역 번호를 적은 메모를 사무실 창문에 붙여두었다. 캠핑카를 댈 수 있는 캠프 그라운드마다 화덕과 식탁, 의자가 있었다. 청정한 숲 어디선가 물 흐르는 소리가 들려왔다.

싣고 온 장작에 불을 붙였다. 불꽃을 망연히 바라보았다. 무수한 상념들이 떠올랐다, 사그라들었다. 불빛은 숲에 어두운 그림자를 드리웠다. 정령이 깨어난 듯 신령스러운 기운이 느껴졌다.

불을 숭배했던 고대인들이 떠올랐다. 그들은 재물을 태워 연기가 신에 가 닿기를 빌었다. 불꽃이 너울거렸다. 신은 우리를 조용히 지켜보고 있으리라. 그동안 잊고 살았던 존재가 가깝고도 두렵게 다가왔다. 새삼 숨을 길게 들이마시고 내쉬었다. 불꽃이 타탁타탁 소리를 내었다. 몸이 점차 따뜻해졌고 마음에도 생기가 돌았다.

침묵이 수많은 말을 내게 걸어왔다. 막스 피카르트는 『침묵의 세계』에서 '침묵의 세계보다 더 큰 자연 세계는 없다.'고 했다. '때로 나무에서 사과 하나가 바닥에 떨어지면 한순간 정적이 생긴다. 마치 침묵이 떨어지는 사과를 받으려고 손을 내민 것 같'은 순간이 내게 찾아온 것이다. '유용한 모든 것들보다 침묵에서 더 많은 도움과 치유력이 나온다.'고 했다. 나는 침묵이 내게 들려주는 말을 경청하고 있었다.

총총한 별 들 사이로 하얗게 하늘을 가로지른 띠가 보였다. 저게 은하수야! 동생이 가리켰다. 나는 난생처음 은하수를 보았다. 지구상에 존재하는 모래알 숫자보다 많다는 별들이 하늘에 점점이 흩뿌려져 있었다. 씻은 듯 눈이 맑아졌다.

맨눈으로 볼 수 있는 별의 숫자는 몇 개나 될까? 목을 한껏 뒤로 젖혔다. 칼 세이건의 저작 『코스모스』에 따르면 광활한 우주에는 수천억 별로 이뤄진 은하계 수천억 개가 있다고 했다. 지구가 소속된 은하계는 수천억 은하계 중 변방에 속한다. 푸른 먼지에 지나지 않는 지구에 80억 인구가 각축하며 살고 있다. 알고 보면 우리는 너나없이 미미한 존재에 불과했다. 사람의 평생은 우주 시간으로 따지면 찰나보다도 짧다. 문득 사는 일이 벅차고 서러워졌다. 지상의 소풍이 끝나는 날 나도 하늘로 돌아가 별이 될 수 있을까?

밤이 깊어졌다. 파스칼의 말처럼 우주의 침묵이 나를 두렵게 했다. 시간이 천천히 흘러갔다.

**Fish On!**

알래스카 남단에 위치한 스워드Seward로 향했다. 낚시 천국답게 항구에는 수많은 배가 정박해 있었다. 낚시에 앞서 낚시 라이센스를 구입해야 한다. 어족 자원 보호를 위해 잡을 수 있는 마릿수가 제한되었다. 비가 뿌리더니 금세 그쳤다. 바다도, 하늘도 푸르렀다.

출항을 기다리고 있는데, 다른 배에서 갓 내린 청년들이 아이스박스를 열어 보이며 좋아서 어쩔 줄 몰라 했다. 초대형 할리벗을 잡은 것이다. 그렇게 큰 물고기는 처음 보았다. 장정들도 추스르느라 애를 먹었다. 저렇게 큰 게 잡히면 어쩌나? "걱정 마세요. 제가 초고추장을 가져왔으니 잡는 즉시 배에서…." 일행 중 누군가의 말에 웃음바다가 되었다.

노블 이글Noble Eagle호가 잔잔한 바다를 가르고 빠르게 나아갔다. 어군탐지기가 물고기를 찾으며 빙글빙글 돌았다. 선장의 멘트에 전방을 바라보니 커다란 고래가 보였다. 물을 내뿜으며 나타났다 사라지기를 반복했다. 모두 사진을 찍느라 바빴다. 운이 좋다며 싱글벙글했다. 혹시나 했는데 감개무량했다.

야생의 작은 몸짓 하나에도 환호를 보내는 승객들이 천진하게 느껴졌다. 고래가 자신의 영역을 보여준 것에 기뻐워했다. 야생은 순식간에 우리를 아이로 돌려놓았다. 인간의 끝없는 호기심은 자연에 늘 위협이 되어왔다. 순간의 경이가 마음에 깊은 인상을 남겼다.

낚싯줄을 바닷속으로 내렸다. 추위가 몰려왔으나 끄떡거리는 낚싯대는 졸음을 불러왔다. 그때였다. Fish On! 외침이 귓전을 때렸다. 연어를 낚아 올린 올케의 목소리였다. 선원이 뜰채를 들고 달려왔다. 연이어 여기저기서 'Fish On'이 터져 나왔다.

드디어 내게도 신호가 왔다. 릴을 감는데 묵직한 손맛이 느껴졌다. 제법 큰, 명태를 닮은 물고기였다. 나도 Fish On을 외쳤다. 선원이 달려왔지만 나쁜 고기라며 고개를 저었다. 건져 올리기 무섭게 바다로 돌려보내졌다. 흘러내리는 빙하 때문에 바다는 염도가 낮았다. 몇몇 어종에는 기생하는 충이 많아 먹을 수 없었다. 연어를 비롯한 다른 어종들 또한 얼렸다 먹는 게 안전하다고 했다. 바다로 돌아간 녀석이 잘 살아주길 기도했다.

남편은 대형 '옐로 아이'를 낚았다. 볼락과 비슷하게 생겼다.

심해에 사는 이 물고기는 밖으로 나오자마자 압력을 이기지 못하고 눈이 툭 튀어나와 우락부락해졌다. 대어를 보러 사람들이 몰려들었다. 물고기를 트로피처럼 들고 의기양양 사진을 찍어대는 모습을 안쓰럽게 바라보았다.

우리가 재미로 하는 일이 그들에겐 생사가 달린 일이었다. 나는 무슨 자격으로 그들의 삶에 미끼를 들이댄 것일까? 나도 저 물고기들처럼 눈앞에 일렁대는 달콤한 꼬드김에 흔들린 적은 없었을까? 바닷속 사정이 안타까워 낚싯대를 들고 안절부절못했다.

결국 배에서 물고기를 초고추장에 찍어 먹은 사람은 아무도 없었다. 손이 너무 시려 물고기를 손질하기도 어려웠다. 항구에는 잡아 온 물고기를 손질하는 곳이 있었다. 갈매기들이 연신 드나들며 울어댔다. 먼바다를 다녀온 낚싯배에선 대형 물고기들을 쉴 새 없이 내리고 있었다. 항구 근처의 물속에선 해달이 배를 뒤집고 놀고 있었다.

알래스카는 구경하며 지나치는 곳이 아니었다. 진정한 사랑은 고유의 모습 그대로를 지켜보는 것이라고 했다. 빙하가 급속히 녹아내리고 있었다. 현장을 보니 더 실감이 났다. 한 걸음 내딛기도 미안했다. 여행이라는 미명하에 나는 순수한 자연을 오염

시키는 데 일조하고 말았다.

  광활한 대자연 아래 나의 존재는 한낱 티끌에 불과했다. 부질없는 고뇌가 하나둘 자취를 감추었다. 태초의 목소리가 자꾸만 나를 흔들어댄다. 알래스카를 향한 마음이 더욱 커져만 간다.

## 집이 움직이기 시작했다

아침 일찍부터 남동생과 조카는 캠핑카를 정돈하느라 분주했다. 옷가지와 식료품들을 싣고 있는 동생의 뒷모습을 바라보았다. 희끗희끗한 머리카락, 축 처진 어깨, 굽은 등…. 녹록지 않았을 이국 살이가 한 눈에 읽혔다.

캠핑카는 버스만큼이나 컸다. 내부에는 침대, 거실, 주방, 냉장고, 샤워실, 화장실 등이 완비되어 있었다. 동생은 움직이는 집 한 채를 장만한 셈이었다. 캠핑카 구입에는 올케의 적극적인 권유가 있었다. 혹한과 밤이 지속되는 알래스카의 겨울은 세월이 갈수록 우울감을 더해주었다. 오랜 이민 생활에도 적응되지 않는 환경이었다. 본토로 내려갈 계획은 몇 년 뒤로 미뤄졌다.

오랜만에 사진을 정리하던 올케는 이민 초창기의 모습을 보게 되었다. 밤이 낮처럼 환한 백야白夜의 계절마다 아이들을 태우고 알래스카 구석구석을 여행 다니던 날들이 생생하게 떠올랐다. 서로 의논 끝에 캠핑카를 장만했다. 동생 부부는 여행을 통해 다시 활기를 되찾아 가고 있었다.

나에게 캠핑카의 로망을 심어주었던 영화 「길버트 그레이프」 (감독: 라세 할스트롬)가 떠올랐다. 피터 헤지스의 소설 'What's Eating Gilbert Grape'(무엇이 길버트 그레이프를 갉아먹는가)를 원작으로 한 영화이다. 아이오와 주 '엔도라'라는 한적한 외딴 시골에 사는 그레이프 가족의 1978년도 이야기가 담겼다. '때론 부끄럽고 힘들지만 우리는 가족입니다.'란 타이틀이 붙어 있었다.

길버트 그레이프(조니 뎁 분)는 다섯 남매의 차남으로 식료품 가게 점원으로 일하며 가족을 부양하고 있다. 어머니(다렌 케이츠 분)는 남편의 자살에 충격을 받아 칩거에 들어갔고, 그 여파로 몸무게가 500파운드에 이르는 초고도비만자가 된다. 형은 대도시로 나간 지 오래고, 누나와 여동생은 저마다 불만의 목소리를 높이고 있다. 지적 장애가 있는 남동생 어니(레오나르도 디

카프리오 분)는 틈만 나면 높은 곳을 기어오르는 등 말썽을 부린다. 의사는 어니가 열 살을 넘기지 못 할 거라고 했다. 그런 어니의 열여덟 살 생일파티를 보는 게 어머니의 소원이다. 캠핑족들이 마을에 들어온다. 부러운 눈길을 보내던 길버트는 가족과 엔도라로부터의 탈출을 꿈꾼다.

한편 캠핑족 소녀 베키(줄리엣 루이스 분)는 자동차가 고장 나는 바람에 엔도라에 머물게 되고, 우연히 가스탱크에 올라가 있는 어니에게 내려오라며 따스하게 독려하는 길버트에게 호감을 느낀다. 길버트는 자유롭게 세상을 누비는 베키를 만나며 새로운 삶의 가치관을 배운다.

생일을 앞둔 어니가 또 가스탱크에 오른다. 참다못한 경찰은 어니를 유치장에 가둔다. 어머니는 항의하려 7년 만에 외출을 감행한다. 무사히 어니를 데려오지만 구름처럼 몰려든 사람들은 어머니를 쳐다보며 수군댄다.

어니의 18세 생일날, 우여곡절 끝에 생일 파티가 열린다. 파티 후 어머니는 침대에서 잠자듯 숨을 거둔다. 돌아가신 어머니가 동네 사람들의 구경거리가 되는 것을 막기 위해 남매들은 집을 불태워 화장한다. 가족들은 더는 길버트에게 매달리지 않고 독립한다. 1년 후, 돌아온 베키의 캠핑카에 길버트와 어니가 올라탄다. 그토록 원했던 여행이 시작된다.

나는 TV로 이 영화를 만났다. 영화는 5남매의 둘째 아들인 남편을 떠올리게 했다. 남편은 시부모님을 모시고 가족들을 돌보는 등 집안의 가장 노릇을 했다. 그는 고충을 잘 표현하지 않았다. 나는 시댁의 대소사를 맡아 하며 동화되어 갔다.

화합을 최우선으로 하는 시댁 식구들은 살아가는 방식과 개성이 제각각 달랐다. 그들은 주말마다 몰려와 집 안을 떠들썩하게 했다. 시누이들은 잘못된 것을 지적하기도 하고, 시부모님 잘 모시라고 은근히 압박하기도 했다. 겉으로는 화목하기 그지없어 보였으나 나는 늘 가시방석에 앉은 듯했다. 젊은 나이에 집안일에 치여 살아가려니 가슴에 화증이 돋아났다. 무지개를 찾아왔으나, 가도 가도 무지개는 보이지 않았다.

친정아버지는 오랫동안 병마에 시달렸다. 갓 미국으로 이주한 남동생은 발만 동동 굴렀다. 응급실로 실려 갈 때마다 허둥지둥 달려오는 여동생들이 애처로웠다. 네 남매의 맏이인 나는 아버지의 병원 뒷바라지와 친정의 대소사에도 신경을 써야 했다. 때때로 압박감이 나를 눌러댔다.

친정아버지가 돌아가시자 병이 찾아들었다. 갑작스럽게 통증이 가슴을 죄어오면 호흡곤란이 일어났다. 금방이라도 숨이 멎을 듯한 공포에 시달렸다. 증상이 가라앉으면 온몸이 두들겨 맞은 듯해 사흘여를 누워있어야 했다. 병원 순례에 나섰으나 좀

처럼 원인을 알 수 없었다. 국립의료원에 입원 해 마침내 부정맥 판정을 받았다. 의사는 몸이 보내는 신호를 면밀히 관찰했다가 통증이 오면 무조건 응급실로 오라고 했다. 또한, 과도한 책임감을 벗어던지고 마음을 가볍게 하라고 경고에 가까운 충고를 했다.

병원 문을 나서는데 문득 영화의 장면들이 어른거렸다. 길버트의 처지와 내가 동일시되었다. '자신을 위해 바라는 건 없어? 다른 사람을 위한 거 말고.' 베키의 대사가 가슴을 치고 지나갔다. 진정 나는 내 인생을 누리고 있는 걸까? 의문이 고개를 들었다.

베키와 길버트처럼 한곳에 매이지 않고 훌훌 떠돌 수 있다면 내 삶이 조금은 가벼워지지 않을까? 생각만으로도 가슴이 후련했다. 캠핑카는 제도권을 벗어나 일상으로부터의 도피를 꿈꾸게 했다. 그즈음 우리나라에도 캠핑족 인구가 생겨나기 시작했다. 생각은 굴뚝이었지만 실행에 옮길 여건도, 용기도 없었다. 가끔 가슴이 답답해지면 영화를 떠올리며 스스로를 위로하곤 했다.

뜻밖에 캠핑카를 만나자, 눈물이 핑 돌았다. 나는 일시적으로나마 꿈을 이룰 수 있게 된 것이다. 동생도 나와 같은 꿈을 꾸지 않았을까? 자신이 좋아하는 일을 과감하게 해낸 동생이 대견했다. "너, 사람답게 살고 있구나, 축하해!" 계면쩍어하는 동생의 손을 잡았다.

캠핑카에 오르자 절로 가슴이 두근거렸지만 애써 태연한 척했다. '붕~' 시동이 걸렸다. 집이 움직이기 시작했다!

# 아름다움을 본 죄

 세상살이에 지친 날에는 무작정 비행기에 올라타고 싶은 충동이 일곤 한다. 일 순위 목적지는 언제나 남동생이 살고 있는 앵커리지Anchorage다. 동생이 그곳에 정착한 지도 어언 35년을 넘어서고 있다. 오고 싶으면 언제든 오라고, 누나 방은 늘 비워두겠다는 동생의 말이 가슴을 맴돌았다.
 알래스카의 장엄한 대자연이 수시로 나를 불러댔다. 나는 전에 동생네 뒷마당에서 커다란 뿔을 단 무스가 어슬렁거리는 걸 보았다. 새끼 곰들이 나무를 타고 오르내린다는 숲이 손에 잡힐 듯 가까웠다. 나는 이층 창가에 앉아 녀석들이 사라진 너머에 펼쳐진 광활한 초지, 청록으로 엉켜있는 숲속, 그곳에 깃들어 있는 그들만의 은밀한 세계를 하염없이 바라보곤 했다.

하루가 다르게 녹아내린다는 빙하가 자꾸만 가슴을 졸이게 했다. 마침내 다시 알래스카로 향했다. 마음의 온도가 먼 거리를 좁혀주었다.

### 태고의 신성으로 날아들다

위험한 줄 알면서도 위험을 무릅쓸 때가 있다. 나는 타키트나 Talkeetna에서 에어 택시Air Taxi를 타고 데날리 국립공원Denali National Park 투어에 나설 참이었다. 추락하면 아마 뼈도 못 추릴걸? 일행 중 누군가가 익살을 떨었다. 쥐어박고 싶은 그의 뒤통수 너머로 고추잠자리 같은 빨간색 경비행기들이 보였다. 애써 참고 있던 무서움증이 고무풍선처럼 빵 터졌다.

실은 통나무 대합실에서 몸무게를 잴 때부터 미심쩍었다. 몸무게의 합으로 정원이 정해지는 경비행기라니. 에어 택시 투어를 포기하는 사람들이 속출했다. 마지못해 빙하 보호용 부츠로 갈아 신으며 구름에 숨어있는 데날리산(6,190미터)을 바라보았다. 그래도 가야 해? 그럼, 다시 못 올 기회잖아. 아무튼 겁은 많아서…. 데날리의 유혹을 끝내 뿌리치지 못했다.

일곱 명이 한 비행기를 타게 되었다. 이륙 때 바람의 저항에 흔들리던 비행기가 우려와는 달리 평온하게 날기 시작했다. 비로소 느긋하게 아래를 내려다보았다. 인간의 때가 묻지 않은 고산高山은 평화롭기 그지없었다. 초록 융단처럼 펼쳐진 숲, 푸른 빛을 뿜어내는 빙하 계곡, 에메랄드빛 호수가 보였다. 산에서 녹아내린 물이 강줄기와 늪을 이루었다. 태고의 신성으로 날아든 이방인은 마음을 한없이 낮추고 있었다.

크고 작은 산 사이로 비행장처럼 넓은 평원, 루스 빙하가 보였다. 고도를 낮춘 에어 택시가 빙하에 미끄러지듯 안착했다. 럭키 세븐! 노련한 기장을 향해 엄지를 들었다. 기상 악화로 그날 루스에 착륙한 비행기는 처음이자 마지막이란다. 달나라에 첫발을 내디딘 심정이 이럴까? 발자국 하나, 하나가 신비롭게 느껴졌다. 흰색 천지의 나라, 하늘도 산도, 구름도 흰색에 함몰되었다. 무無의 경지였다.

폭신한 감촉의 만년설은 깊지도 얕지도 않았다. 나는 경외감에 휩싸여 하염없이 눈 위를 걸었다. 빙하를 둘러싼 들쑥날쑥한 산들에 바람이 부딪혀 눈먼지를 일으켰다. 바람 소리가 웅장한 노래처럼 들려왔다. 나는 멈춰 서서 귀를 기울였다. 일생 더하기와 빼기를 거듭해 온 삶이 바람결에 흩어지고 있었다. 문득 내가 무화無化 될 것 같은 두려움이 엄습했다. 나도 모르게 소리를 내질렀다. 목소리는 곧 허공에 흡수되었다. 설원은 표정 하나 바꾸지 않았다. 잠깐의 시간이 천년처럼 느껴졌다.

사방에서 운무가 일어나 앞을 가렸다. 안개는 인간의 자취를 다시 무로 돌리려 했다. 대자연이 언제 얼굴을 바꿀지 알 수 없었다.


### 아름다움을 본 죄

알래스카 발데즈Valdez 항에서 크루즈를 타고 프린세스 윌리엄 해협을 향해 출발했다. 컬럼비아 빙하Columbia Glacier를 돌아보는 장장 7시간의 항해였다. 멀리 피오르드식 해안이 보였다. 바위에 큰바다사자가 무리 지어 앉아 햇볕바라기를 하고 있었다. 흰머리 독수리가 숲을 선회하다 나무에 내려앉았다. 신령스런 모습에 홀려 나도 모르게 갑판으로 나섰다.

빙하 끝에 세가락갈매기가 쪼르륵 앉아 날개를 쉬고 있었다. 우리를 구경하고 있는 건 아닐지? 유빙에 앉은 바다표범을 향해 사진기를 들이댔다. 주위의 탄성에도 아랑곳하지 않는 귀차니스트들. 옛 시절 마구잡이 포획에서도 용케 살아남은 후손들이다. 이제는 야생 천국을 살아가고 있었다. 척박한 환경을 늠름하게 견디고 있는 생명력이 놀라웠다.

수많은 유빙流氷이 바다를 유영하고 있었다. 제법 커다란 빙하가 눈에 들어왔다. 빙하에는 푸른색이 무늬처럼 박혀있었다. 북

극 다큐멘터리 장면 속으로 들어와 있는 것만 같았다. 천혜의 맑은 공기가 폐부를 찔렀다. 헨리 데이비드 소로는 '아직 인간에게 정복되지 않은 야성 덕분에 인간이 되살아난다.'고 했다. 유빙들을 바라보았다. 나날이 녹아간다는 빙하이다. 불안이 엄습했다.

금발의 젊은 선원이 선실로 들어섰다. 발그레한 얼굴에 수줍은 미소를 띤 청년은 크리스털처럼 투명한 얼음을 가슴에 받쳐 들고 있었다. 놀랍게도 해협에서 건져 올린 유빙이었다. 선원이 만져보라고 권했다. 순도 높은 얼음은 손을 쩌릿쩌릿하게 했다. 경외감과 동시에 안타까운 마음이 교차했다. 바라만 봐도 좋은 걸 굳이 건져 올릴 필요까지 있었을까? 호기심이 충족되는 일인지는 몰라도 사람 손에 훼손되는 게 아까웠다. 빙하에서 물이 눈물처럼 뚝뚝 떨어져 내렸다. 이제라도 바다로 돌려보내야 하지 않을까? 어쩌면 너무 늦어버렸는지도 모른다.

배는 쇄빙선처럼 수많은 유빙을 가르며 나아갔다. 배에 부딪힌 유빙들이 탁, 탁, 드르륵, 드르륵 요란한 소리를 냈다. 불현듯 빙하에 부딪혀 침몰한 호화여객선 타이태닉호가 떠올라 소름이 돋았다. 당시 최고 공법이 동원되었던 타이태닉호는 '침몰 불가능'이라는 주장이 나올 정도로 완벽을 자랑했다. 인간의 오만이 낳은 결과는 참담했다. 예측 불가의 대자연 앞에 인간의 화려한 장식은 허황한 수식에 불과했다. 자연은 오만방자한 우리에게 언제 화를 낼지 모른다.

산처럼 높이 솟은 컬럼비아 빙하가 우뚝 배를 가로막았다. 더는 나아갈 방법이 없었다. 말단 퇴석에서 전진하던 빙하는 이제는 후퇴를 거듭하고 있단다. 2014년에는 11마일까지 후퇴했는데, 그곳에서 해안에 있는 기반암까지 남은 거리는 불과 6마일 남짓이란다. 이런 속도라면 곧 컬럼비아 빙하를 보지 못할 날이 올 수도 있겠다.

밀도 높은 얼음산에서 빙하가 부서져 내리며 천둥 같은 소리를 내었다. 쫓기듯 유턴한 배는 꽁무니가 빠져라 왔던 길로 달아나기 시작했다. 멀어질수록 두고 온 비경이 점점 더 선명하게 다가왔다. 아름다움을 본 죗값을 나는 오래도록 치러야 할지도 모른다는 생각이 들었다.


### 연어가 돌아오는 계절

알래스카의 여름은 연어가 회귀하는 계절이다. 연어가 지나는 강물은 물 반 연어 반이었다. 기나긴 여로를 끝내고 마침내 본향에서 생을 마칠 녀석들이었다. 잠시의 망설임도 없이 앞을 다투어 모천母川을 향해 힘차게 도약하고 있었다. 무지갯빛 물보라가 피어났다. 이토록 온 생을 끌어당기는 강한 힘이 또 있을까? 숙연한 마음으로 녀석들을 바라보았다. 혼신을 다하고 있는 연어의 삶은 생의 깊은 심연을 들여다보게 했다.

얼음물에 돋아있는 거친 바윗돌을 거슬러 오르는 연어들. 한참 맴을 돌던 연어들이 하나둘 껑충 뛰어올랐다. 도약에 성공한 연어들은 물살을 가르며 멀어져 갔다. 개중엔 바위틈으로 난 지름길을 찾아 살짝 점프하는 영리한 녀석도 있었다. 반면 물길에서도 좌충우돌하는 녀석도 있었다. 그래도 멈추지 않고 온몸으로 부딪히며 끈기 있게 같은 동작을 반복했다. 바위에 베여 상처를 입어도 멈추지 않았다. 지켜보는 동안 탄식이 흘러나왔다. 답답한 내 사정과 다를 바 없어 보였다.

나도 저렇듯 천형을 짊어지고 아프게 살아온 건 아닐까? 때론 도망가고도 싶었지만 그러지 않았다. 언젠가는 반드시 나아갈 길이 보이리라 믿고 견뎌온 시간이 내게도 있었다. 나는 어느새 연어의 마음을 헤아리고 있었다. 순간 망설이던 녀석이 껑충 튀어 올랐다. 내 가슴에 얹혔던 바윗돌도 풍덩 빠져나갔다. 큰 고비를 넘긴 녀석은 이제 낮은 바위만 넘어서면 되었다. 아무 일도 없었다는 듯 유유히 헤엄쳐 가는 녀석에게 응원을 실어 보냈다.

시애틀을 경유해 나는 서울로 돌아간다. 비행기 창밖, 하얀 장막을 두른 듯 장관을 이루고 있는 알래스카산맥에 안녕을 고했다. 원초적인 아름다움은 나의 남은 생을 지배하게 될 것이다.

나는 시원始原의 바람이 부는 빙하에 마음을 묻고 왔다. 생의 마지막 날에 그 광경을 떠올리리라. 살아서 이미 천국을 보았노라고. 다시 한번 그곳에 안착하길 바란다고⋯.

## 5장

## 봄날은 간다

엄마의 엄마
즐거운 나의 집
관세음보살
함께여서 참 좋았다
봄날은 간다
그냥 살아요
다시 시작이다

# 엄마의 엄마

 아이가 나를 향해 돌아눕더니 실눈을 떴다. 더 자도 돼. 자장, 자장…. 다독이자 이내 스르르 눈을 감는다. 속눈썹을 바라보았다. 어쩌면 어릴 적 제 어미를 이렇게 빼다 박았을까?

 딸이 까치발로 다가와 제 딸을 들여다본다. 엄마, 객관적으로 봐도 너무 예쁘지? 눈에서 꿀이 뚝뚝 떨어진다. 어서 가라 손짓했다. 딸이 고마워요, 입 모양으로 인사를 하더니 이내 가방을 둘러매고 서둘렀다.

 사위는 회사 연수 중이고, 딸은 강의를 가야 했다. 나는 어제 딸네로 왔다. 이틀 전 사돈처녀가 봐줄 때는 엄마를 찾으며 목

놓아 울었다고 했다. 떨어져 있어도 엄마의 기氣는 자식에게 가 닿는다고 했던가. 내 마음은 어느새 딸의 뒤를 밟고 있었다.

 딸은 여태 공부를 쉰 적이 없다. 요즘은 강의 준비로 밤을 새우기 일쑤다. 가르치면서 배우는 것이 더 많단다. 아이를 낳고도 이내 툴툴 털고 일어나 강단에 섰던 열혈 강사이기도 했다.
 강사에게 육아 휴직은 언감생심이다. 새 학기가 도래하면 재계약이 안 될까 봐 좌불안석이다. 내가 아이를 맡아주겠다고 하면 엄마 고생한다며 손사래를 쳤다. 지방에 사는 까닭으로 사돈은 마음만 있지 자주 오지 못했다. 아이를 돌보기 위해 사위가 재택근무를 하기도 했다. 강의가 늘자, 베이비시터의 도움을 받았다. 딸의 얼굴에서 점점 감정이 사라졌다.
 줌으로 수업했던 코로나 시국에는 그나마 수월했다. 하지만 어린 것은 엄마가 사라진 방문을 두드리며 울어댔다. 문을 닫아 걸은 에미야 오죽하랴 싶었다. 나는 아이를 달래느라 진땀을 흘렸다. 간신히 소꿉놀이를 할라치면 아이는 다시 달려가 방문 손잡이에 매달렸다. "엄마 지금 공부하지?" 하면 눈물을 그렁그렁 매단 채 고개를 끄떡였다.
 하루는 딸이 걱정을 늘어놓았다. "엄마, 유치원 선생님이 그러는데 요즘 부쩍 아이가 산만해 보인다고 하네? 내가 바쁘게 돌아치니 아무래도 안정이 안 되나 봐." 덩달아 손녀가 걱정된 나는 대뜸 강의를 줄이거나 접는 게 어떠냐고 했다. 멀뚱히 나를 바라보던 딸이 "엄마, 그러면 나는 우울증에 걸리고 말 거야." 한다. 아차, 싶었다. 여기까지 이루기도 쉽지 않았을 텐데 격려는 고사하고 웬 참견을 하고 나섰을까? 나는 고작 내가 살아온 범주를 떨치지 못하는 푼수 엄마에 지나지 않았다.

그런데 엄마, 딸이 말을 이어갔다. "교수 임용 공고가 뜨는 학교마다 지원서를 제출했는데 다 떨어졌어. 충분히 자격을 갖추려면 논문을 더 많이 발표해야 하는데 시간이 절대적으로 부족하네." 아이를 봐주면, 논문 쓸 시간이 날까? 나는 또 오지랖을 떨었다. "아니야, 아이와 시간을 보낼 수 있는 지금의 상태가 더 좋아." 딸의 얼굴에 우수가 지나갔다.

결혼과 동시에 학업과 직업을 포기한 나는 매 순간 밀려오는 공허감을 달래며 살아왔다. 여성의 행복에 관해 얘기를 나누던 중 딸과 논쟁을 벌인 적이 있었다. '여성은 태어나는 것이 아니라 만들어진다.'는 시몬 드 보부아르의 페미니즘을 들고 나온 딸에게 설득당한 나는 젊은 여성들의 패기와 용기가 마냥 부러웠다.

그러나 현실은 녹록지 않았다. 육아라는 높은 벽은 여전했고 보이지 않는 성차별도 엄연히 존재했다. 여성의 목소리가 커졌다느니, 여성이 남성의 자리를 빼앗고 있다느니 하는 무성한 말들이 멀게만 느껴졌다.

아이는 자면서도 내 손을 붙잡고 놓지 않았다. 고단했는지 아이의 이마에 송골송골 땀이 배어 나왔다. 나는 아이가 깨지 않도록 조심스럽게 머리를 쓰다듬었다.

한참을 자고 난 아이가 깨어 두리번거렸다. 얼른 아이에게 다가가 "내가 누구지?" 하자 아이가 잇몸을 드러내며 환하게 웃는다. "엄마의 엄마!" "맞아. 할머니 얼굴을 잘 봐봐. 엄마 닮았지?" 고개를 끄떡인다. "그러니까 할머니를 엄마라고 생각하면 어때?" 아이가 대답 대신 눈을 반짝인다.

"그럼, 할머니는 하늘의 별이 된 왕 할머니랑 닮았어?" 아이의 천진한 말에 가슴이 울컥했다. 피는 속이지 못한다더니 이상스레 아이에게서 엄마가 겹쳐 보였다.

엄마를 생각하면 연주하듯 재봉틀 발판을 밟으시던 모습이 먼저 떠올랐다. 그때는 온 집안에 참기름 냄새가 풍기는 듯했다. 척척 옷을 만들어 내시던 엄마는 재단사의 꿈을 접고 손주들을 돌보기 위해 딸들 곁으로 이사를 했다. 엄마는 떠나고 재봉틀만 남았다.

"그럼! 왕 할머니랑 할머니가 닮았고, 할머니랑 엄마가 닮았지." 아이가 헤헤 웃었다. "그럼, 나도 죽으면 별이 돼?" "그래, 맞아. 그런데 할머니 나이가 너보다 많지? 그러니까 내가 먼저 별이 될 거야. 할머니 보고 싶으면 별을 보면 돼. 기억해 줄 거지?" 아이가 '약속!' 하며 손가락을 걸었다. 업어달라며 등에 매달린 아이를 어르며 손녀만큼은 제 왕할머니나 할미와는 다른, 남녀가 온존하게 평등한 세상을 살아가길 간절하게 바라본다.

# 즐거운 나의 집

 마트에 들어서니 페리오치약을 들고 있던 홍보원이 다가왔다. 5개 묶음 한 세트를 사면 하나 더 끼워준단다. 물끄러미 치약을 바라보았다. 까닭 없이 가슴에 통증이 지나갔다. 불쑥 잊고 있던 옛 추억과 마주하게 되었다.

 신혼 초에는 시부모님을 뵈러 오는 친척과 이웃들의 발걸음이 연일 끊이지 않았다. 밥상 차리랴, 청소하랴, 빨래하랴 동동거리다 보면 하루해가 저물었다. 나의 일거수일투족이 한동안 화제에 오르내렸다. 밥을 조금 먹는다고, 젓가락질이 서툴다고, 신발을 질질 끌고 다닌다며 한마디씩 했다. 키가 멀대처럼 크다, 손도 발도 도둑놈처럼 크다며 수군거렸다. 한번은 허리가 참 길기도 하네 하며 내 등을 툭, 치기도 했다. 생전 처음 맞닥뜨리는 말이 당혹스러웠다. 시샘인지 관심인지 분간이 가지 않았다. 지금 같으면 맞아, 맞아! 하고 웃어넘길 일이지만, 그 시절 나는 무슨 잘못이나 한 듯 점점 소심해져 갔다.

사달이 난 건 페리오치약 때문이었다. '하얀 치아, 상큼한 향기'를 내세운, 생소한 외국어 명칭의 치약 광고가 호기심을 자극했다. "어머니, 우리도 페리오치약 한 번 써볼까요?" 내 말이 끝나기 무섭게 시어머니는 "그게 그거지. 너도 참, 별걸 다 사고 싶구나! 저렇게 광고를 해대니 보나 마나 비싸겠지…." 하며 무안을 주었다. 평소와는 다른 말씨에 심장이 벌렁거렸다.

며칠 후 주말, 느지막이 일어나 양치질을 하던 막내 시누이가 볼멘 목소리로 "엄마, 불소치약이 뭐야. 우리도 이제 세련되게 페리오치약 씁시다!" 한다. 콕 짚어 페리오치약을 호명하는데 덜컥 겁부터 났다. 필시 꾸중이 떨어지겠지 했는데 웬걸, 말이 끝나기 무섭게 시어머니는 나를 돌아보며 당장 사 오란다. 나는 어안이 벙벙해졌다. 하루아침에 콩쥐가 된 심정이었다. 그 시절 나에겐 경제권이 없었다. 시어머니가 선뜻 내미는 돈을 받아 들고 터덜터덜 언덕을 내려가는데 자꾸 가슴이 울컥거렸다.

가게 앞에서 앞집 아주머니와 마주쳤다. "얼굴이 왜 그래?" 하는 말에 나도 모르게 울음이 터졌다. 놀라 토끼 눈이 된 그분이 나를 감싸 안고 골목으로 데려갔다. 그간 쌓였던 설움이 한꺼번에 복받쳐 올랐다. 한 번 터진 울음은 쉽게 그쳐지지 않았다.

하루가 멀다고 우리 집에 마실 오던 아주머니는 당신의 젊어 고생담을 재미나게 들려주곤 했다. 나와 동갑내기 아들을 두어서인지 평소 내가 얼굴을 찡그리기만 해도 어디가 아프냐며 살갑게 대했다. "아이고, 오늘 일진이 안 좋아 그래…." 하며 일일이 마음에 담아두면 못쓴다고 나를 다독였다. 당부에도 불구하고 먼바다 외딴섬처럼 때때로 외로움을 앓았다.

수다한 시댁 가족들은 토요일 저녁이면 모두 몰려와 밤새 이야기꽃을 피웠다. 흥이 나면 누가 없어진 줄도 모를 지경이었다. 슬며시 마당으로 나갔다. 밤하늘에는 별들이 불을 켜고 있었다. 담 너머로 앞집을 바라보았다. 창문마다 불빛이 환했다. 순간 친정집이 떠올랐다. 그렇다! 나에게도 저렇게 불빛 따스한 집이 있었지 않은가!

그리운 시절, 밤이 내리는 버스 정류장에는 늘 친정어머니가 마중 나와 있었다. 종알종알 이야기를 주고받으며 걷는 길은 포근했다. 어머니는 무슨 중요한 이야기라도 되는 양 내 말에 귀를 기울였다. 골목들을 돌아 막바지에 놓인 계단에 올라서면 멀리 우리 집 바깥 창문에 드리운 불빛이 보였다. 나는 그 60촉 전구 빛 속으로 빨려 들어가곤 했다.

아버지의 호탕한 웃음소리, 난로에 주전자를 올려놓고 털실을 감던 어머니, 동생들과 밥상머리에 둘러앉아 아버지의 우스갯소리에 배꼽을 잡았던 추억들이 떠올라 울컥 가슴이 뜨거워졌다. 언제나 그때처럼 따뜻한 아랫목에 두 다리 쭉 뻗고 앉아 마음 턱 놓고 쉴 수 있을까?

우연한 기회에 막내 시누이와 함께 긴 여행을 다녀왔다. 김포공항에 착륙하려고 비행기가 상공을 휘돌았다. 도시의 휘황한 불빛을 내려다보던 시누이가 "떠날 때는 복잡한 서울에 다시 오고 싶지 않았는데, 돌아와 막상 저 불빛을 바라보니 이상하게 마음이 놓여요." 한다. 시누이 얼굴에 생기가 돌았다.

새삼스레 불빛이 눈물겹게 보였다. 불빛을 타고 마천루를 지나 나의 안식처까지 둥둥 떠가는 환상에 잠겼다. 여독으로 쌓인 피로가 감미롭게 느껴졌다. 돌아갈 집이 있다는 건 얼마나 다행인가! 생각해 보면 집에서 출발한 나는 늘 집을 향해 걸어가고 있었다.

우리를 기다리며 시어머니는 불을 대낮처럼 환하게 밝히고 있었다. 마치 나를 향해 노란 손수건을 흔드는 것 같았다. 한 상 가득 차려진 밥상을 받았다. 내가 좋아하는 시원한 물김치를 밀어주며 시어머니는 많이 먹으라고 눈짓을 했다. 먼 길을 돌아 나는 비로소 '즐거운 나의 집'에 안착하였다.

김남조 시인은 「겨울 바다」에서 "나를 가르치는 건/ 언제나/ 시간…"이라고 했다. 나도 이제 시어머니가 되었다. 치약 사건은 딸과 며느리를 대하는 나의 마음에 반면교사가 되었다.
페리오치약을 가만히 쓰다듬어 보았다. "즐거운 곳에서는 날 오라 하여도/ 내 쉴 곳은 작은 집 내 집뿐이리…." 그 옛날 차마 부르지 못한 노래가 가슴에 차올랐다.

## 관세음보살

"엄마, 아기가 곧 나올 것 같대! 지금 병원에 와 있어요."
아들의 전화에 화들짝 놀란다.
"아니 벌써? 출산예정일이 한 달이나 남았는데?"
혼비백산 병원으로 차를 몰았다. 아들도 예정일보다 이십여일 앞서 나왔는데 손자는 더 빠르다. "별걸 다 제 아비 닮네?" 남편은 짐짓 너스레를 떨었다. 나는 어느새 35년 전 기억을 더듬고 있었다.

시부모님은 슬하에 손녀만 여섯을 두었다. 손자가 없어도 딱히 섭섭한 내색을 보이지 않았다. 이종, 고종 사촌간인 손녀들은 고만고만한 나이로 서로 죽이 잘 맞아 방학이면 약속이나 한 듯 우리 집으로 몰려왔다. 라면을 끓인다, 토스트를 만든다, 달고나를 해 먹는다 법석을 떨었다. 할아버지 할머니는 모른 척했고 아이들은 뒹굴뒹굴 맘껏 누렸다. 내가 힘들어하면 외숙모, 작은엄마! 고마워요. 합창을 했다. 어린 딸은 언니들을 졸졸 따라다니다 뜻도 모르는 연극의 조연이 되기도 했다.

내가 둘째를 임신하자 시어머니는 손자를 얻고 싶은 마음을 내비쳤다. 아들딸 가리지 말고 둘만 낳아 잘 기르자는 시절이었다. 우리 집안에 태어날 마지막 자손에 대한 바람이기도 했다. 태아의 성별을 미리 알리는 걸 금하는 때였다. 궁금증을 이기지 못한 어머니는 산모가 좋아하는 음식, 배가 불러오는 모양새, 태동으로 아들, 딸을 점쳐보며 애를 태웠다.

아기가 태어났다. 분만실 밖에서 서성이고 있던 어머니께 간호사가 아들이라고 알려주었다. 정말이에요? 반신반의하던 어머니는 의사로부터 왕자님입니다! 하는 소리를 재차 들은 후에야 아버님께 전화하러 달려갔다.

아버님도 기쁨을 감추지 않았다. 할아버지와 할머니의 180도 달라진 태도에 손녀들은 토라져 버렸다. 여기저기서 삐쭉대었다. 그래도 싱글싱글 웃고 있는 남동생이 신기했던지 누나들은 문지방이 닳도록 드나들었다. 딸을 선호하는 작금의 세태를 생각하면 꿈결 같은 이야기다.

 어머니는 손녀들이 내리 물려 입던 배냇저고리 대신 손자에게 딱 맞는 배냇저고리를 만들어 입혔다. 잠도 같이 주무셨다. 철마다 앙증맞은 놀이옷도 만들었다. 동물을 좋아하는 아들은 시장 가는 할머니를 쫓아가 보이는 것마다 사달라고 졸라대었다. 병아리, 그린 이구아나, 거북이, 햄스터 등이 집 안 곳곳에서 득실대었다. 떼 지어 다니는 오리를 데려오자 까마귀, 솔개, 고양이가 마당에 출몰하였다. 급하게 닭장을 만들기도 했다. 원래 어머니는 애완동물을 싫어했다. 뒤치다꺼리는 내 몫이었다. 손자 사랑이 유별난 어머니 덕분에 내가 바빠졌다. 슬슬 건짜증이 올라왔다. 때론 버릇없어질까 봐 조바심이 나기도 했다.

 급기야 우리 집의 오랜 금기를 깨고 강아지까지 키우게 되었다. 강아지는 어머니가 애지중지하던 화초를 물어뜯고 잔디밭을 엉망으로 만들었다. 어머니도 불쑥 짜증이 났는지 쑥대밭이 된 꽃밭에 서서 "첨 본다, 첨 봐!" 망연하여 중얼거렸다. 손자가 강아지를 쫓아 천방지축 뛰어다니면 또, "첨 본다, 첨 봐!" 하면서도 얼굴에는 함박웃음이 떠나지 않았다.

 어머니는 팔순이 되던 해에 위암 판정을 받았다. 의사는 앞으로 육 개월 넘기기 힘들겠다며 수술을 권했다. 어머니께는 사실을 숨겼다. "빨리 갔다 올게!" 수술실에 들어서며 어머니는 손을 흔들었다. 아들은 "할머니 파이팅!" 하며 하이파이브를 했다. 남편과 아들은 수술 내내 보호자 대기실에 앉아있었다. 평소 아버님보다 하루만 더 사는 게 소원이라던 어머니의 말씀이 가슴을 적셨다. 수술 후 완치 판정을 받기까지 꼬박 5년이 걸렸다. 하루는 병원에 아들이 동행했다. 늘 따뜻하게 맞아주던 의사가 물었다.

"어머니, 손자가 같이 왔네요. 든든하시겠어요?"

"그럼요! 우리 집안에 하나밖에 없는 손자랍니다." 신이나 목소리가 높아졌다.

"그럼, 이 손자 장가가서 아들 낳을 때까지 사셔야겠네요? 지금처럼 건강 잘 유지하시면 꼭 그렇게 될 겁니다!"

금세 어머니의 눈에 눈물이 고였다. 고맙다고 손을 모으고 연신 고개를 숙이셨다. 아들은 할머니의 손을 오래도록 꼭 잡고 있었다.

군에 입대하자 아들이 편지를 보내왔다. 우수 대원으로 뽑혔고, 특공대에 선발되었다는 내용을 읽고 또 읽었다. 본인은 자랑스럽게 써 내려갔을 텐데 나는 걱정에 잠을 이룰 수 없었다. 특공대는 규율도 엄하고, 훈련의 강도도 세다는데! 아들을 군대에 보낸 엄마들의 애끓는 심정을 그제야 알게 되었다.

나의 기우와는 달리 아들은 군 생활을 즐겼다. "엄마, 제가 캠핑 좋아하잖아요. 지금은 아주 큰 규모의 캠핑에 참여한 느낌이에요. 선임들도 잘해주고 동기들과도 잘 지내요." 훈련도 잘 받고 있다며 우리를 안심시켰다. 매주 토요일 공중전화로 할머니, 할아버지 안부도 거르지 않았다.

휴가를 나오면 훈련담을 늘어놓았다. 첫 공수훈련 때 타워에서 뛰어내리려니 다리가 후들후들하더란다. "그 높이가 제일 무서움을 느끼게 하는 높이래. 뛰어내리기 전에 누가 젤로 보고 싶냐고, 크게 외쳐보라고 해서 나도 모르게 '누나!'라고 했어. 왜 갑자기 누나들 얼굴이 떠올랐는지 몰라! 할머니, 엄마 미안해요." 하며 경례를 붙였다. 웃음바다가 되었다. 글썽해진 눈으로 손자를 바라보던 어머니는, "아이고 아니다. 장하다, 우리 손자! 너는 산에 가면 산신령이 도와주고, 바다에 가면 용왕님이 도와준다고 현진 스님이 그러시더라. 그러니 너 하고 싶은 대로 마음껏 하렴." 아들은 "아휴, 우리 할머니 최고, 고맙습니다!" 하며 꼭 안아드렸다.

일제 강점기에 금강산 근처에서 태어난 어머니는 평생 남북이산가족의 아픔을 안고 살았다. 어머니 곁에는 오직 우리밖에 없었다. 손주들의 재롱으로 외로움을 달래곤 하였다. 나는 어머니의 덕담을 철석같이 믿고 따르기로 했다. 괜스레 끌어안고 있던 걱정이 서서히 사라졌다.

아들 면회 간다고 하면 고령의 어머니가 먼저 따라나서는 통에 하루는 몰래 다녀왔다. 돌아와 보니 어머니는 곱은 손에 볼펜을 들고 엎드려 쓰며 읊조리고 계셨다.

"관세음보살"

미안한 생각에 슬그머니 옆에 앉아 들여다보았다. '관세음보살'이라고 쓴 글씨가 가지런하게 적혀있었다.

"손자 보고 싶으셔요?" 하니 어머니는 "아니야, 곧 돌아올 텐데, 뭐."

어머니의 얼굴에 그리움이 안개를 드리우고 있었다. 기도 덕분인지 아들은 건강한 모습으로 무사히 전역했다.

그 무렵 어머니는 치매를 앓기 시작했다. 어느 날 아들이 여자친구를 사귄다며 핸드폰으로 찍은 모습을 보여주었다. 궁금해진 나는 어머니 옆에 앉아 혼잣말을 했다. "미대를 다닌다는데 도대체 어떤 아이일까?" 어느새 들었는지 어머니는 내 손을 '탁' 치시며, "걱정 마라! 저랑 꼭 닮은 애 데려올 테니!"

순간 귀를 의심했다. 손자를 향한 애정에는 치매도 속수무책인가 보다. 그 후 나는 어려운 일이 생기면 어머니께 조곤조곤 일러바치는 버릇이 생겼다. 치매일망정 어머니의 말씀에는 숙성된 지혜가 농축되어 있었다. 나는 그 주옥같은 말들을 받아 적기도 했다. 오랜 투병 끝에 어머니는 하늘나라로 가셨다.

유품을 정리하다 재봉틀 밑에서 돈 보따리를 발견했다. 하얀색 천으로 꽁꽁 싸매놓은 빳빳한 신권이었다. 때때로 새 돈을 조르셔서 왜 그러나 했다. "누구 주려고요?" 하면 묵묵부답이었다. 가끔 아들의 이름을 부르며 "오늘 온다고 안 하던가?" 하고 물었다. 혹시 밤낮없이 바쁘다고 돌아치는 손자에게 주려고 차곡차곡 모아 두었던 건 아닐까? 영정사진을 올려다보았다. 사진 속 어머니가 환하게 미소를 보내고 있었다.

며느리가 입원한 병원에 도착하니 아들이 마중 나와 있었다. 출산하기엔 날짜가 너무 일러 조산을 막는 수액을 맞고 있단다. 하루라도 더 뱃속에 있어야 아기의 심장과 폐가 여물어진다는 의사의 말에 아들 부부는 며칠이라도 벌어 볼 심산이었다. 혈압이 오르고 숨이 차 일어나 앉지도 못하는 며늘애의 고통을 생각하니 가슴이 아팠다.

   어머니의 응원이 오늘따라 그립다. 절로 기도하는 마음이 되었다.

   '어머니, 당신의 손자가 이제 아들을 낳는다고 합니다. 어머니가 그토록 보고 싶어 하셨던 증손주예요. 부디 아무 탈 없이 순산하게 도와주셔요. 그곳에서도 다 보고 계시지요?'

# 함께여서 참 좋았다

 장례식장에 들어서니 친구의 영정사진이 꽃에 둘러싸여 있었다. 보고도 믿기지 않았다.
 하늘나라로 떠나기 며칠 전 그녀가 전화를 했다. 나는 반가운 나머지 요즘 왜 배드민턴 구장에 나오지 않느냐며 잔소리를 했다. 전화기를 타고 그녀의 웃음소리가 나지막하게 들려왔다. 그냥 바빠서…. 곧 나갈게. 우선 바람떡 한 말 보낼 터이니 나누어 먹어, 한다. 무슨 좋은 일이라도 생겼어? 하니 좋아하는 사람들에게 보내는 안부란다.
 그녀는 긍정의 아이콘이었다. 시합에서 지고도 배시시 웃던 그녀였다. 시합에 나간 것만으로도 신이 난다나? 나도 모르게 따라 웃곤 했다. 우리는 비가 오면 온다고, 날씨가 좋으면 좋다고 끼들 대며 풍광 좋은 찻집을 찾아다녔다. 하루는 강가에 앉아 함께 지는 해를 바라보았다. 문득 그녀가 말했다. 살아온 날 중 지금이 가장 행복하다고, 이렇게만 살다 가면 여한이 없겠다고…. 친구를 바라보았다. 노을빛 그녀가 바람에 흔들리고 있었다.

떡은 그녀의 마지막 선물이 되었다. 그녀가 암 투병 중이라는 사실을 아무도 몰랐다. 유족에게 물으니 갑자기 병색이 짙어지자 누구도 만나지 않았다 한다. 그녀의 마음을 이해하면서도 한편 원망스런 마음이 들었다. 생전에 인사라도 나누고 갔다면 슬픔이 덜했을까? 그건 차마 서로 못 할 일인 걸까. 그녀는 내가 보고 싶지 않았을까….

돌아가신 이문구 소설가의 일화가 떠올랐다. 마지막이라는 걸 직감한 그 분은 지인들에게 병원으로 면회 오라고 청했다. 지정해 준 시간에 맞추어 온 사람들을 차례로 만나 작별 인사를 나눈 후 소천하셨다 한다. 또한, TV 드라마「서른, 아홉」에서는 시한부 선고를 받은 친구를 위해 생전 장례식을 열어주는 장면이 방영되기도 했다. 보고 싶은 사람을 만나 생애 마지막 인사를 나누고 가는 것, 바로 내가 하고 싶은 장례식이었다.

버킷리스트가 담긴 노트를 폈다. 빼곡히 적힌 리스트 맨 끝자락에 나의 생전 장례식이라고 적어 넣고 메모해 내려갔다. 장소로 햇빛 가득한 야외를 상상해 본다. 가능하면 에메랄드빛 바다가 보이는 곳이면 더욱 좋지 않을까?

우선 '함께여서 참 좋았다'는 제목으로 부고장을 보내자. 삶의 여정에 그대들이 있어 행복했다고. 밥 한 끼 먹으며 즐겁게 이야기나 나누자고, 환한 옷을 입고 오라고. 추억을 다지는 시간이 되길 희망한다고….

여기까지 적고 읽어보았다. 뜬금없이 눈시울이 뜨거워졌다. 사람은 누구나 다 죽는다. 삶과 죽음은 다른 것이 아니라 함께 걸어온 동지라고 했다. 허나 한 번 솟은 눈물은 쉽게 멈춰지지 않았다. 생전 장례식을 하겠다는 사람이 이리 마음이 약해서야 어찌할꼬. 슬픔을 지우는 방법은 없는 걸까?

문득 아내의 주검 앞에 두 다리를 뻗고 앉아 물동이를 두드리며 노래를 불렀다는 장자(莊子: 기원전 369년?~ 286년)가 떠올랐다. 장자의 말에 따르자면 모든 것이 혼돈 속에 뒤섞여 있는 중에 변화가 일어나 기氣가 생겼고, 그 기가 변화하여 형체를 이루었고, 다시 이 형체가 변화해서 생명이 생긴 것이다. 그런데 지금은 다시 한번 변화가 되풀이되어 죽음으로 돌아간 것뿐이다. 이는 계절의 순환과 마찬가지의 이치라 했다.

"아마 내 아내는 지금쯤 천지天地라고 하는 한 칸의 큰 거실 안에서 단잠을 자고 있을 걸세. 그런데도 내가 소리를 치고 통곡하며 운다면, 천지간에 얼마나 불행한 사람이 되겠는가?"

— 『장자』 외편(外編) 제18편 지락편(至樂篇)
제2장 혜자·장자 문답(惠子·莊子問答) 중에서

장자는 "우주의 원리에 동참한 아내를 생각하자 노래하지 않을 수 없었다."고 했다. 그렇다면 장자의 물동이를 생전에 두들겨 보는 건 어떨까? '걸판지게 놀며 환하게 웃는 시간 되려 하니 축제장 오듯 가볍게 날아오시라.' 문구를 써넣는다.

식장에는 '나의 쌩쌩 신나는 장례식'이라고 쓴 현수막을 걸자. 나는 무지갯빛 옷을 걸치고 조문객들에게 빨간 장미꽃을 나누어 주리라. 원형 테이블에 둘러앉아 그간 못다 한 이야기를 나누리라.

행사가 시작되면 우선 아들과 교류하고 있는 힙합 가수들을 초청해 무대를 경쾌하게 띄워보자. 연주 활동을 하는 조카딸에게 피아노 왈츠곡을 부탁해도 좋겠다. 노래 잘하는 이에게 「시월의 어느 멋진 날에」를 청해 듣고 싶다. 조문객들 누구라 할 것 없이 자연스럽게 노래 부르고 춤추는 장이 되었으면 한다. 흥이 오르면 노래는 합창이 되리라. 나도 못 하는 노래일망정 한 곡조 뽑아야 하지 않을까? 라인 댄스에 열심인 아우들에게도 무대를 내어줘야지…. 바다를 배경으로 앞다투어 노래 부르는 광경, 춤추는 장면들을 떠올려본다. 문득 가수 임영웅이 떠오른다. 팬 심을 일으킨 그를 초대할 수 있다면…. 생각만으로도 즐거워진다.

돌아가는 조문객들에게 무엇을 선물할까? 우리는 마치 내일 다시 만날 듯 가볍게 작별 인사를 나누리라. 행사를 담은 사진들은 SNS로 전송해 주어야지. 그날의 사진들을 들여다보며 달콤한 잠에 빠져들게 되길!

여기까지 쓰다 문득 펜을 멈춘다. 갑작스레 부음을 접하면서도 죽음은 아직 멀게만 느껴진다. 한데 벌써 이렇게 버킷리스트로 남길 필요가 있을까? 어쩌면 계획대로 생전 장례식이 열리기 어려운 상황이 될지도 알 수 없다. 보고 싶었던 사람이 오지 못할 상황에 놓이기도 할 것이다.

하지만 나는 하루하루 무럭무럭 늙어가고 있다. 옛 어르신들은 살아생전 당신의 산소 자리를 미리 보아두고, 윤년이 오면 수의도 장만하지 않았던가. 팬데믹 사태를 겪은 후 장례 풍속도 바뀌고 있다. '내가 좋아하는 사람들에게 보내는 안부'라던 친구의 말이 가슴을 아프게 두드렸다. 생전 장례식은 내 생의 마지막 행사가 될 것이다. 우물쭈물하다 천편일률적인 장례식의 주인공이

되고 싶지는 않다.

　해인사 기둥에 연이어 걸어놓은 글 판에 이런 글이 새겨져 있다고 한다. 현금생사즉시現今生死卽時, 곧 지금 사는 이 순간, 이곳에 충실하라는 뜻이다. 그러니 오늘부터라도 나누고 싶은 말이 있다면 내일로 미루지 말아야겠다. 그대들 덕분에 외롭지 않다고, 행복하다고, 사랑한다고…. '쌩쌩 신나는 나의 생전 장례식' 현수막이 걸리는 날까지 나는 즐겁게 나의 버킷리스트들을 지우며 살아가리라.

# 봄날은 간다

 소리꾼 장사익 선생이 두 눈을 지그시 감고 노래를 한다. 오른손이 곡선을 그리더니 무릎장단을 친다. 장례식장이 일순 고요해졌다. 장례식장에서의 노랫가락은 생경했지만, 은은한 음색이 오히려 숙연한 분위기를 끌어내고 있었다.

 장사익 선생은 고인의 친척이었다. 누님 가시는 길에 국화꽃 한 송이 올리러 왔다고 했다. 향을 지피고 절을 하더니 오래도록 엎드려있었다. 백수에 가까운 상주의 손을 맞잡은 선생이 그예 눈물을 떨구었다. 선생은 어려운 시절, 친척들을 외면하지 않았던 고인의 성품을 기렸다. 빈소에 가족들이 둥글게 둘러앉았다. 평소 장사익의 노래를 즐겨 들었다던 고인을 위해 선생은 서슴없이 노래 마당을 펼쳤다. 밤늦게까지 남아있던 조문객들이 하나둘 모여들었다. 고인의 며느리와 절친인 나는 뜻하지 않은 장소에서 그의 노래를 듣게 되었다.

연분홍 치마가 봄바람에 휘날리더라~

끊어질 듯 이어지는 가락은 마치 고인의 곡절 많은 인생을 위무하는 듯했다. 고인은 꽃다운 스무 살 나이에 스물네 살 낭군을 만났다. 연분홍빛 설렘이 빈소를 훅 치고 들어왔다. 사랑의 감정은 나이를 불문하는 걸까? 상주의 얼굴에 발그레한 꽃물이 피어올랐다. 영정사진을 올려다보았다. 팔순 때 찍었다는 사진은 막 터져 나오려는 웃음을 참고 있었다.

오늘도 옷고름 씹어가며 산제비 넘나드는 성황당 길에

층층시하에 엄한 가풍이 가슴의 설렘을 막아섰다. 생활의 난경難境에 망설임이 어찌 없으랴만 이미 불어온 봄바람을 뉘라서 막을 수 있으랴! 산처럼 쌓였을 사연이 너울거렸다. 그토록 그리던 임을 두고 어찌 떠나셨을까? 몰래 눈물을 훔쳤다.

> 꽃이 피면 같이 웃고 꽃이 지면 같이 울던 알뜰한 그
> 맹세에 봄날은 가~안~다

노래는 클라이맥스를 향해 갔다. 상주가 한 말씀이 떠올랐다. 입관 때 보니 꽃에 둘러싸인 마나님이 너무나 고와 보여 당신도 인제 그만 그 곁에 누워 함께 가고 싶었단다. 무심한 듯 담담하게 던진 말에 괜스레 내 슬픔이 고개를 들었다.

고인은 슬하에 5남 1녀를 두었다. 집안을 일으켜 세운 여장부이기도 했다. 정릉동에 마련한 너른 집에는 일가친척이며 자식들, 손주, 증손주에 이르기까지 무시로 붐볐다. 부지런한 며느리는 맛난 음식으로 손님을 맞아들였다. 생의 마지막 설날에 보고 싶은 사람 모두 보고, 사진까지 남기고 떠나셨다. 구순을 넘겼다고는 하나 갑작스런 이별에 자손들의 얼굴에는 황망한 기색이 역력했다. 칠십여 년 생사고락을 함께한 부부애가 빈소를 애달프게 감싸안았다.

> 새파란 풀잎이 물에 떠서 흘러가더라/ 오늘도 꽃편지
> 내던지며/ 청노새 짤랑대는 역마차 길에/ 별이 뜨면 서

로 웃고/ 별이 지면 서로 울던/ 실없는 그 기약에 봄날은 간다

  단장을 끊을 듯 노래가 이어졌다. 선생의 노래를 좋아하는 나는 평소 자동차 라디오 볼륨을 부러 높이고 듣기도 했으며 따라 불러보기도 했다. 그러나 오늘은 달리 들렸다. 그 어느 때보다 정성스런 그의 목청엔 집안의 어르신을 보내는 애틋함이 실렸다. 고인의 공덕이 얼마나 컸기에 장 선생은 이토록 애절하게 노랫말을 풀어내는 걸까?

  노래에 몰입하기는 오랜만이었다. 음악에는 주술성이 있어 영혼을 취하게 한다더니 내가 그랬다. 도수 높은 술을 마신 듯 노래에 취해 정신이 혼미해졌다.

  빈소는 천상병 시인의 「귀천」에 이어 「찔레꽃」으로 일렁였다. 가락에 몸을 실었다. 고인을 달래는 진혼곡의 물결은 슬픔의 불꽃을 꺼뜨리고 우리네 고달픔을 가만가만 어루만지고 있었다.

  생전에 며느리와 함께 외출에 나선 고인을 만난 적이 있었다. 그분은 고개를 끄덕이며 '고맙다'고 인사를 하셨다. 그때의 말씀이 마지막 여운을 드리웠다. 나는 또 다른 무슨 인연으로 얽혔기에 여기에 앉아 이 노래를 듣고 있는 걸까? 문득 생에 대한 근원적인 질문이 나를 흔들어대었다. 우리는 어디에서 와서 어디로

흘러가는 걸까? 대답을 뒤로 한 채 다시 못 올 인생의 봄날이 아름다이 흘러가고 있었다.

## 그냥 살아요

 허리통증이 전에 없이 지속되어 병원을 찾았다. 오늘은 또 어디가 아파서 오셨나요? 의사가 특유의 경쾌한 목소리로 묻는다. 오른쪽으로 삐따딱하게 휘어진 허리를 손으로 받치고 선 나는 더듬더듬 증세를 이야기했다. 걷기도 힘들고, 앉지도 못해요. 심지어 밥도 못 먹겠어요. 임자 만난 듯 푸념이 길어졌다. 아휴, 그래도 식사는 하셔야지요. 의사는 진료용 컴퓨터를 들여다보며 3번, 4번 척추가 좁아졌고, 무릎에 이상이 있고…. 진료 기록을 되뇌었다. 우선 엑스레이를 찍어 보자고 한다.
 검사를 마치자 의사가 나를 불렀다. 허리가 많이 휘었네요. 의

사는 S자형으로 틀어진 모양이 선명하게 찍힌 엑스레이를 보여주었다. 저게 나라고? 믿어지지 않았다. 아파서 생긴 일시적 현상이지요? 아니에요, 앞으로 저 모양대로 점점 굳어질 거예요. 귀를 의심했다. 연식이 좀 돼서 그래요. 그는 아무렇지 않다는 듯 말한다. 놀란 마음을 진정하며 물었다. 지금부터 체조 열심히 하고 자세도 바르게 하면 될까요? 지푸라기라도 잡고 싶은 심정이 되었다.

매번 의사는 약이나 물리치료 처방과 함께 맨손체조를 권하곤 했다. 무릎이 시큰거려 진료실을 찾았을 때는 스쿼트 자세가 그려진 프린트물을 내놓았다. 다리 간격을 어깨너비 정도로 유지하고…. 설명하다 답답하다는 듯 벌떡 일어나 시범을 보였다. 그의 동작은 마치 춤을 추는 듯했다. 어깨가 무너지듯 아팠을 때도 체조 유형이 그려진 종이를 건네주며 꾸준히 하면 좋아진다고 했다.

하루는 발바닥이 아파 갔더니 족저근막염이라며 난데없이 책상 밑에서 스펀지를 쑥 꺼냈다. 이걸 신발에 깔아 봐요. 발바닥이 푹신하면 통증이 좀 줄어들어요. 아프지 않으면 약은 끊어도 된단다. 그가 권하는 운동 처방은 효과가 좋아서 병원을 몇 번 찾지 않아도 증상이 꼬리를 내리곤 했다.

이번에는 또 무슨 묘안을 제시할까? 기대에 찬 나에게 의사는 웃으며 에이, 소용없어요, 그냥 사세요! 한다. 아니, 이렇게 휘었는데, 그냥 이대로 살아요? 무슨 방법이 없나요? 눈앞이 깜깜했다. 허허, 무리해서 더 다치지 말고, 그냥 사세요. 물리치료 꾸준히 받아 보시고요. 평소와 다른 말에 당황했다.

물리치료실로 향하는 마음이 무거웠다. 치료의 첫 단계는 찜질이었다. 허리의 긴장이 조금 풀어지는 느낌이 들었으나 뒤척이자 또 예의 통증이 밀려왔다. 어쩌다 내가 이렇게 되었을까? 허리가 반원처럼 휘어진 엄마의 모습이 떠올랐다. 하긴 허리가 약한 게 유전이라면 무슨 운동을 해도 피할 수 없는 일이 아닌가?

사실 허리가 삐딱해지는 증상은 오랜 습관처럼 되풀이되었다. 명절이나 집안의 대소사를 치를 때마다 나는 부엌 바닥에 쭈그려 앉아 전을 부치곤 했다. 일을 마치기도 전에 허리가 끊어질 듯 아팠다. 시어머니는 내 허리가 길어서 그렇다며 탓을 하셨다. 그 말씀이 더 아팠다. 시집살이가 힘들 때는 핑계처럼 통증이 찾아왔다. 비단 어디 허리뿐인가? 부정맥에, 위경련에, 이석증, 메니에르병, 이제는 황반변성까지…. 까닭 없이 애먼 남편에게 원망의 화살이 돌아갔다. 하지만 백날 남 탓해 무엇하랴.

다음 날 아침, 의사의 말에 어깃장이라도 부리듯 산행을 강행했다. 허리에서 허벅지로 통증이 내려왔다. 어제 본 엑스레이가 자꾸 눈앞을 가로막았다. 여기서 주저앉으면 영영 회복되지 않을 것만 같았다. 아픔을 달래며 산모롱이에 다다랐다.

두 어르신이 서로의 안부를 주거니 받거니 하며 내 뒤를 따라왔다. 저것 봐, 저 아주머니, 여기까지 올라왔으니 건강한지는 모르겠으나 허리가 많이 휘었네. 어깨도 처지고. 점점 더 심해질 거야. 이렇게 멀리 올 상태가 아닐 텐데. 글쎄, 이럴 때는 쉬어주는 것도 약인데…. 귀가 쫑긋 섰다. 설마 내 얘기는 아니겠지 싶었지만 모든 말이 나를 가리키고 있었다. 두려움이 밀려왔다. 차마 고개를 돌리지 못했다. 산에서 내려오는 내내 그분들의 말이 귓전을 맴돌았다.

돌아보면 쉴 틈 없이 살아오느라 몸의 호소에는 미처 귀 기울이지 못했다. 일상의 과부하가 통증을 몰고 왔을 것이다. 회한이 밀려왔다. 나는 나를 너무 과속으로 내몰았다. 열심히, 근면하게 살아야 한다는 강박감이 나를 질주하게 만든 건 아닐까?

"그냥 사세요."

의사의 말은 내게 하나의 메시지가 되었다. 의사의 권고대로 조금이라도 이상 증세가 나타나면 일을 멈춘다. 오늘 다 못하면 내일 하면 될 일이다. 하루하루 의식적으로 허리를 곧게 펴고 어깨도 평형을 유지하려 애쓴다. 스트레칭으로 근육을 풀어주고 때론, 의사에게 자문을 구하기도 한다. 휘어진 등뼈처럼 삐딱했던 마음도 부드럽게 풀어본다. 갑자기 조급증이 밀려와도 천천히…. 하며 자신을 다스려본다.

  니체의 걸음걸이는 느리기 한량없었다 한다. 철학자의 산보를 흉내 내며 새삼 내 마음을 들여다본다. 햇빛 바른 마을을 걷기도 하고 오랜 이웃들과 여유롭게 담소를 나누기도 한다. 전에는 맛보지 못한 즐거움이 은근하게 가슴에 차오른다.

# 다시 시작이다

"주름이 많이 잡혀 있네요." 모니터에 얼굴을 파묻고 있던 여의사가 말문을 연다. 위에 주름이 생기다니 무슨 말일까? "위내시경 결과가 안 좋은가요?" 의사가 내 얼굴을 힐끗 쳐다본다. 까닭 없이 움찔한다. "위가 노화됐다는 거지요." 이내 고개를 돌리더니 심드렁하게 대답한다.

 의사는 그 짧은 일별로 무얼 확인 한 걸까? 희끗희끗해진 내 머리카락, 이마의 굵은 주름, 입가의 팔자주름, 게다가 위에 새겨졌다는 주름까지 동동 그려진다. 나보다 십여 년 아래로 보이는 의사가 아무렇지도 않게 내 나이를 상기시킨다.

"이대로 지내보시고 2년 후 또 뵙죠." 의사가 진료를 마치려 서두른다. 괜히 서운하다. "근데요 선생님, 찬물을 마시면 다시 넘어오고, 밥을 먹으면 더부룩하고, 복통도 있어요. 이런 증상도 노화 때문인가요?" 기어이 어깃장을 부리고 만다.

의사가 모니터를 다시 들여다본다. "역류성 위염이 좀 있긴 하네요. 어떻게 약 처방 좀 해드릴까요?" 약을 먹어도, 안 먹어도 그만이라는 건가? 말문이 막힌다. 별 증상이 아니라는 데도 은근 부아가 치미는 걸 간신히 참는다. 이런 것도 일종의 노인네 심보일까?

약국에 들러 처방전을 내밀고 벽면의 거울을 들여다본다. 노화라니…. 생각할수록 괘씸하다. 얼굴을 비추어 보다 나와 비슷한 연배의 방송인이 생각난다. 오랜만에 TV에 나온 그녀는 짙은 화장에도 불구하고 늙수그레하게 보였다. 카메라는 사람의 눈보다 정확하다고 한다. 괜스레 가슴이 철렁한다.

약국을 나와 혜화동 로터리 신호등 앞에서 걸음을 멈춘다. 이 거리 끝에 내가 다녔던 배드민턴장이 있다. 남편 병수발에 여유가 없었던 나는 한동안 그곳을 잊고 살았다. 까닭 없는 서글픔이 밀려온다. 버릇처럼 구장을 향하고 서 있는 나를 돌아본다.

운동을 멈춘 동안 내 머리카락은 빛이 바랬고 날렵했던 몸매도 펑퍼짐해졌다. 그간 쌓였던 구력도 시들해졌으리라. 초로의 내 모습을 보면 동호인들은 뭐라고 할까? 나를 반기기나 할까? 그렇다고 노화가 부끄러움은 아니지 않은가. 마음이 갈팡질팡한다.

얼마 전 TV「인간극장」에 출연한, 올해로 백세 된 어르신이 떠오른다. 드문드문 검버섯이 피어난 얼굴에는 주름도 별로 없었고 연세보다 동안이었다. 자세도 꼿꼿하고 걸음걸이도 힘찼다. 그분에게 나이는 숫자에 불과한 듯했다. 어르신은 잠자리에서 일어나자마자 맨손체조를 하고 따뜻한 물을 한 잔 마신 후, 어둠이 채 가시지 않은 길을 나섰다.

손수 자동차를 몰고 도착한 곳은 국궁장이었다. 20여 년 전 시작한 국궁을 하루도 거르지 않고 있단다. 친지들을 먼저 저세상으로 보낸 상실감도 국궁을 하며 견뎌냈다. 소소한 일상이 고맙다는 말씀 끝에 활짝 웃는다. 웃음꽃이 젊음의 비결인 듯했다.

다시 배드민턴장으로 가는 길을 바라본다. 또래 회원들의 웃음소리가 귓가에 날아든다. 연이어 목청 큰 나의 파트너가 '나이스!' 하고 외치는 소리가 환청처럼 따라붙는다. 마치 자석에 이끌리듯 배드민턴장으로 향한다. 난데없이 가슴이 뛰더니 걸음에 가속이 붙는다.

구장에 들어서기 무섭게 파트너가 달려온다. 그녀와 나는 생활체육 배드민턴대회에서 여러 번 우승을 한, 그야말로 '영원한

파트너'이다. 친구들도 나를 반긴다. 마음이 따스해진다. 나의 기우는 눈 녹듯 사라진다. 어제 헤어졌다 오늘 다시 만난 듯 다정다감하다. 환하게 웃고 있는 그네들, 어쩌면 하나도 변하지 않고 그대로인 걸까?

 배드민턴은 건강이 좋지 않았던 이십여 년 전 남편의 권유로 시작했던 운동이다. 비실비실하다 가도 라켓만 잡으면 펄펄 날았다. 스매싱을 내리꽂으면 어찌나 속이 후련하던지! 속앓이가 씻은 듯 가셨다. 셔틀콕을 놓치면 놓쳤다고, 받으면 받아냈다고 소녀들처럼 까르륵 웃어댔다. 웃음보가 터져 셔틀콕을 놓치기도 했다. 시합의 여운은 온종일 나를 따라다녔다. 배드민턴 치는 꿈을 꾸다 잠결에 옆지기를 후려치기도 했다. 배드민턴은 정신과 의사가 우울증을 앓고 있는 환자에게 권하는 운동이기도 하다. 원인 모를 스트레스를 달고 살던 나는 마치 단단한 껍질을 깨고 나온 새처럼 새로운 세상을 만난 듯했다.

 배드민턴 게임에 몰입하다 보면 때론 진정 내가 나로 살고 있다는 느낌이 들곤 했다. 시합에서 졌다고 까닭 없이 토라졌던 옛일마저 감미롭다. 지금이라도 라켓을 잡으면 주술처럼 속병이 씻은 듯 사라지지 않을까?

 3년여 만에 라켓을 다시 잡는다. 라켓이 무겁다. 셔틀콕을 제대로 받아낼 수 있을까? 배드민턴은 한 번 배우면 절대 잊어버리지 않는다고 선배들에게 들었다. 용기를 낸다. 먼저 클리어를 쳐본다. 몸도 굼떠지고 어깨에 힘만 잔뜩 들어간다. 헛방을 친다. 다리도 무겁다. 그래도 어느 결에 활짝 웃고 있는 나를 느낀다. 마음의 주름살이 서서히 펴진다.

  몸도 풀기 전에 시합에 불려 나간다. 찬스가 오자 나도 모르게 스매싱을 휘두른다. "살아있네!" 파트너가 환호성을 지른다. 순간 온몸에 전율이 흐른다. 그래, 나는 살아있다! 피부는 고사하고 내장에까지 주름이 졌다 한들 무슨 대수일까? 이제부터 다시 시작이다!

작품해설

# 3대에 걸친 가족사의 파노라마
- 유병숙 제2 수필집 『두 번째 프러포즈』

## 1. 낡아도 좋은 것은 사랑뿐이냐

"모든 행복한 가정은 서로 엇비슷하지만, 불행한 가정은 저마다 그 불행의 양상이 제각각이다.

(All happy families resemble one another; every unhappy family is unhappy in its own way. Все счастливые семьи похожи друг на друга, каждая несчастливая семья несчастлива по-своему.)"(톨스토이, 『안나 카레니나(Anna Karenina, Анна Каренина)』 첫 문장)

한 인간의 행과 불행을 가족과 가정 단위로 꿰뚫어 본 이 경구는 적확하면서도 그런 게 아닌데, 하는 의구심을 자아내기도 한다. 대대에 걸친 명문가인 백작 집안의 넷째 아들인 그는 두 살에 어머니를, 아홉 살에 아버지를 잃고 두 고모의 보살핌 아래서 자랐지만 물질적인 궁핍이나 정서적인 콤플렉스가 없이 성장했다. 이 희대의 천재가 당면했던 가장 큰 고뇌는 넘치는 성욕의 해결책이었다. 패륜적인 육욕의 유혹을 뿌리칠 수 없었던 그는 만년의 금욕적인 회개로 보상받긴 했으나 『안나 카레니나』를 썼던 49세의 장년이란 여전히 육욕의 유혹으로부터 온전히 해방되지 못한 시절이었다. 그러기에 이 소설에 그려진 불행의 양상은 제각각일 수밖에 없었으리라.

가족, 특히 혈연으로 맺어진 가족 단위로 얽히고설킨 집단적인 행불행의 평가 기준은 유목 생활에다 밀을 주식으로 삼는 중동이나 유럽 문화권, 더구나 상류층이 지녔던 가족 개념은 다분히 사회적인 신분을 배려한 타산적인 '사랑'일 수도 있다.

그들과는 달리 도작稻作 농경사회로 쌀을 주식으로 삼는 동아시아인들에게는 정착에의 집착이 더 강해 가족이나 고향 등에 대한 사랑이 보다 더 본능적일 수 있다. 그래서 우리에게는 가족 단위의 행불행의 공감대가 논리적인 차원이기보다는 정서적인 경향이 강하다. 당연히 우리에게 톨스토이의 이 명구에 뒤지지 않게 진한 감명을 전해주는 건 김수영 시인의 정과 한이 스며있는 아래와 같은 시다.

> 제각각 자기 생각에 빠져 있으면서／ 그래도 조금이나 부자연한 곳이 없는／ 이 가족의 조화와 통일을／ 나는 무엇이라고 불러야 할 것이냐∥ 차라리 위대한 것을 바라지 말았으면／ 유순한 가족들이 모여서／ 죄 없는 말을 주고받는／ 좁아도 좋고 넓어도 좋은 방 안에서／ 나의 위대의 소재所在를 생각하고 더듬어보고 짚어보지 않았으면∥ 거칠기 짝이 없는 우리 집안의／ 한없이 순하고 아득한 바람과 물결―／ 이것이 사랑이냐／ 낡아도 좋은 것은 사랑뿐이냐.
> (김수영, 「나의 가족」, 1954)

아, 사랑. 톨스토이조차도 인간의 모든 행위 중 가장 소중하게 여겼던 게 사랑이지만 그 개념이나 미묘한 스펙트럼은 너무나 천차만별하여 같은 가족 구성원일지라도 각자 다를 수밖에 없는 이 변신의 요술 방망이가 사랑 아니던가.

톨스토이와 굳이 비교할 필요도 없이 시대와 나라와 전통문화와 윤리적인 규범이 전혀 다른 김수영은 서른세 살에 쓴 이 시에서 가족 간에 얽힌 공감대를 '사랑'으로 풀었다. 톨스토이가 서로 엇비슷하다는 행복한 가정이나 각각 다르다는 불행한 가정도 굳이 따지고 든다면 '사랑'으로 귀착하지 않을까. 배신, 가난, 병고, 사고나 재앙 등 어떤 곤경에서도 위무와 용기와 황홀한 행복감을 전수해 줄 수 있는 건 결국 사랑일 것이며, 그 사랑조차도 보통사람들에게는 '가족적인 사랑'이 가장 절실할 것이다. 더구나 김수영의 이 작품에 반영된 사랑이란 한국적인 토착 정서가 물씬 풍기는 "요강, 망건, 장죽, 종묘상"에 "무식쟁이"가 좋다는, "내가 내 땅에 박는 거대한 뿌리"가 좋다(김수영, 「거대한 뿌리」)는 저 아득한 민족혼의 원형인 정과 한의 정서를 품고 있는 '사랑'이 아닌가.

세계 문명사가 이룩한 인간사회의 행복을 보장하는 장치 중 첫 번째가 민주주의이며, 그 민주주의의 사회 구성체의 기본 단위가 가족임은 「세계 인권선언(Universal Declaration of Human Rights)」(1948) 제16조 3항의 "가족은 사회의 자연적이고 기초적인 구성단위로 사회와 국가의 보호를 받을 권리가 있다. (The family is the natural and fundamental group unit of society and is entitled to protection by society and the State.)"라는 규정을 통해서도 입증된다.

그러나 역사는 항상 꿈틀거리며 변신한다. 1980년대 이후 페미니스트들은 "자연적 단위로서의 가족을 해체시키고 그것을 다시 하나의 사회적 단위로, 다시 말해 이데올로기로, 사회적 및 문화적 의미와 관조"로 재구성할 것을 주장한다.(매기 험 지음, 심정순. 염경숙 옮김, 『페미니즘 이론 사전』, 삼신각, 1995, 26쪽). 그래서 "개인주의와 시장 원리가 모든 선택, 특히 결혼의 선택을 언제든지 되돌릴 수 있는 권리를 강조"하게 되며, "아이들은 동시에 여러 아버지, 여러 어머니를 갖게 될" 것이기에 "가족은 자신이 속한 여러 가정 가운데 하나를 일컫는 말"로 변질된다.(자크 아탈리, 『21세기 사전-자크 아탈리의 미래 읽기』, 중앙 M&B, 1999, 29쪽)

이런 세계사적인 변모인지라 한국에서조차도 가족 연대의 축을 이뤄왔던 호주제가 2008년 1월 1일부터 폐지되지 않았던가.

왜 유병숙 작가의 수필집을 논하는 자리에서 이토록 장황한 가족론을 풀어대고 있을까. 해답은 지극히 간명하다. 유 작가는 첫 수필집 『그분이라면 생각해볼게요』(2019)에 이어 이번의 두 번째 수필집인 『두 번째 프러포즈』가 온통 가족 이야기들로 이뤄져 있기 때문이다. 두 작품집의 작품들을 관류하는 주제와 소재가 마치 대하소설의 줄거리처럼 작가의 부모 세대-작가 자신의 가족-자녀들의 삶을 보듬어내는 가족사 3부작에 다름 아니다. 부모 세대에 초점을 맞춘 게 첫 수필집 『그분이라면 생각해볼게요』라면, 작가 부부의 삶을 부각시킨 게 『두 번째 프러포즈』이며, 아마 언젠가 세 번째 작품집을 낸다면 자녀들 세대가 자상하게 그려질 것이다. 그래서 유 작가의 작품을 온전히 이해하려면 아예 『그분이라면 생각해볼게요』를 주마간산 격으로라도 스치노라면 『두 번째 프러포즈』 읽기가 한결 속도가 붙을 정도로 뒤엉켜 있다.

이런 유 작가의 가족관은 페미니즘으로 가족사의 역사적인 파도에 전혀 휩쓸리지 않은 채 톨스토이나 김수영이 이상화시킨 가족관을 그대로 고수하고 있으며 바로 그런 요소가 유 작가의 작품을 한결 돋보이게 해준다.

## 2. 가족, 관계 맺음의 인연

첫 작품집에서 가장 널리 알려진 유병숙 작가의 작품은 단연 시어머니의 치매 초기 증상을 그린 작품 『그분이라면 생각해볼게요』이다. 유 작가의 시어머니는 금강산에서 삼십 리 떨어진 고성 출신으로 1948년 "서울에 정착하신 시아버지를 찾아, 시할머니와 함께 어린 자식들을 업고 38선을 넘으셨다. 한국전쟁 발발 당시 남으로 내려오려던 외조부모님은 막내아들이 의용군에 끌려가자 애가 타서 그에 눌러앉으셨다. 어머니의 친정 식구는 그렇게 휴전선 북쪽에 남게 되었다."

개성으로 출가한 시어머니는 시할머니께 전수받은 개성 음식들을 익혀 "유별나게 깔끔하고 담백하며 맛깔"스러웠던 음식 솜씨를 지녔으나, "며느리는 물론 시누이들에게조차 입을 열지 않으셨다. 칭찬을 독차지하고 싶은 마음이 얼마나 크기에 그러셨을까? 그 성역에 나는 감히 발도 디밀지 못하고 주위만 뱅뱅 맴돌곤 했었다."

그런데 "어느 날부터인가 (시)어머니의 음식 맛이 달라지기 시작"하더니 "정체불명의 음식이 식탁에 올라왔다. 조리법과 상관없이 갖은 양념을 마구 넣어 섞었다. 고유의 음식 맛이 사라지고 이도 저도 아닌 잡탕 맛에 식구들은 난감해했다."

그런 중 (시)아버님이 돌아가시자 급작스럽게 (치매가)악화되었다.

> 아침에 목욕을 시켜드리고 어머니의 얼굴에 로션을 발라 드렸더니 싱긋 웃으며 "어휴, 좋은 냄새! 언니(며느리, 곧 작가를 지칭), 나 시집 보내려우?" 하며 한껏 달뜨신다.
>
> "멋진 할아버지를 구해드려요?" 짓궂은 내 말에 "싫어.

혹시 내 신랑이라면 모를까."

"신랑이 누구예요?"

어머니는 얼른 아버님 함자를 대며 "그분이라면 생각해볼게요!" 하신다.

귀여우신 우리 어머니! 수줍은 구십 노파의 눈동자에 생전의 아버님이 한가득 고여 있었다.(「그분이라면 생각해볼게요」)

이 깔끔한 일화를 통하여 유 작가는 어머니 세대가 지녔던 정과 한의 유구한 민족정서로서의 '가족'에 대한 가치관을 아름다운 시적 구도詩的構圖에다 서정미 넘치는 수채화로 담아냄으로써 이 수필집은 아르코문학나눔도서에 선정된 데다 제12회 한국문학백년상을 수상했다. 아마 유 작가에게 이 첫 수필집을 낸 2019년은 행운의 해로 잊을 수 없을 것이다.

가히 효부孝婦문학이라고 불러도 좋을 만큼 이 분야의 작품들은 진솔성과 진정성이 넘쳐흐르기에 치매 소재 문학에서도 빼어놓을 수 없을 것이다.

이왕 유 작가의 시댁이 화두에 올랐으니 제2작품집에도 계속 등장하는 시집살이와 시댁 관련 소재 작품들을 먼저 일별해 보자. 「그분이라면 생각해볼게요」에서 이처럼 미화된 시어머님의 부조상浮彫像은 오로지 낭군님을 중심으로 한 가족애라는 일편단심의 표상에 다름 아니다. 그래서 "고추 당초 맵다 해도/ 시집살이 더 맵더라."라는 남존여비 시대의 설움인 "시아버니 호랑새요/ 시어머니 꾸중새요/ 동세 하나 할림새요/ 시누 하나 뾰족새요/ 시아지비 뾰중새요/ 남편 하나 미련새요/ 자식 하난 우는새요/ 나 하나만 썩는 샐세."(작자 미상,「시집살이 노래」)라는 풍자와 오십보 백보가 아니었을까 유추되는 대목이 조심스럽게 살짝 내비친다.

오죽했으면 "에베레스트를 향하는 도중 하늘 가까운 동네에서 만난 햇빛이 젊은 날의 나를 소환"했을까. "나는 이제야 비로소 마음에 담겼던 햇살을 찬찬히 응시"하게 만들었을까. 그 멋진 산행길에서 삶의 성취를 만끽해도 될 그 찰라에 하필이면 유병숙 작가는 이런 연상이 떠올랐을까.

> 결혼 후 시댁의 부엌살림을 맡게 되었지만, 시어머니는 내게 무얼 하라는 말씀이 통 없었다. 햇빛 좋은 날, 시어머니는 냄비들을 몽땅 마당 수돗가에 내어놓았다. 수세미에 세제를 묻혀 그 많은 냄비를 하나하나 닦기 시작했다. 그 일은 한나절이 지나도 끝나지 않았다. 시키지 않으니 감히 다가갈 엄두를 내지 못했다. 시어머니의 표정은

> 의식을 치르는 듯 사뭇 진지했다. 티끌 하나 없이 닦여진 그릇들이 화단에 올려졌다. 햇빛을 뿜어내는 냄비들을 바라보자면 경외감마저 느껴졌다.(「햇살」)

 말 없는 상대, 침묵하는 대상보다 더 두려운 존재가 흔한가. 그래서 유병숙 새댁은 "시어머니가 모임에 나가고 집이 텅 빈 날, 마침 볕"이 좋자, 냄비들을 끄집어내다가 "어깨가 결리고, 허리가 끊어질 듯" 아플 만큼 닦으며, "무엇 때문에 그토록 열심히 냄비를 닦은 걸까? 다시 불에 올리면 또 더러워질 것을. 나는 입속으로 투덜거렸다." 그러다가 "문득 닦아서 화단에 올려놓은 냄비들을 보았다."

> 그릇마다 햇빛이 담겨있었다. 쏘아내는 빛에 눈앞이 하얘졌다. 갑자기 가슴이 말갛게 헹궈졌다. 차오르던 생각들은 밝은 빛에 부서졌다. 그날 이후 햇빛은 주술처럼 나를 불러댔고 나는 화답하듯 냄비를 닦곤 했다.(「햇살」)

 햇살에 반짝이는 냄비들을 보면서 새댁은 시집살이에서 돈오돈수頓悟頓修의 준령을 훌쩍 넘은 것이다. 이러매 비록 가톨릭 신앙인인 작가일망정 득도의 상징인 에베레스트 등반길의 햇살 아래서 이런 첫 시집살이의 득도 과정을 연상할 만하지 않는가. 같은 태양이지만 그 무대가 얼마나 멋진가.

그러나 세상살이처럼 시집살이에도 태산준령은 한 고개 넘으면 또 한 고개가 나타난다.

"신혼 초에는 시부모님을 뵈러 오는 친척과 이웃들의 발걸음이 연일 끊이지 않았다. 밥상 차리랴, 청소하랴, 빨래하랴 동동거리다 보면 하루해"가 저물었지만, 객들은 여유롭게 새댁의 일거수일투족을 화제에 오르내리는 걸 즐겼다. "밥을 조금 먹는다고, 젓가락질이 서툴다고, 신발을 질질 끌고 다닌다며 한마디씩 했다. 키가 멀대처럼 크다, 손도 발도 도둑놈처럼 크다며 수군거렸다. 한번은 허리가 참 길기도 하네 하며 내 등을 툭, 치기도 했다."

그러던 차에 생소한 외국어 명칭의 치약 광고에 홀려 "어머니, 우리도 페리오치약 한 번 써볼까요?"라고 용기를 내어 건의했던 새댁에게 시어머니는 "그게 그거지. 너도 참, 별걸 다 사고 싶구나! 저렇게 광고를 해대니 보나 마나 비싸겠지…." 하며 무안을 주었다. 그 며칠 후 주말, 느지막이 일어나 양치질을 하던 막내 시누이가 볼멘 목소리로 "엄마, 불소치약이 뭐야. 우리도 이제 세련되게 페리오치약 씁시다!" 하자, "시어머니는 나를 돌아보며 당장 사 오란다. 나는 어안이 벙벙해졌다. 하루아침에 콩쥐가 된 심정이었다."

> 가게 앞에서 앞집 아주머니와 마주쳤다. "얼굴이 왜 그래?" 하는 말에 나도 모르게 울음이 터졌다. 놀라 토끼 눈이 된 그분이 나를 감싸 안고 골목으로 데려갔다. 그간 쌓였던 설움이 한꺼번에 복받쳐 올랐다. 한 번 터진 울음은 쉽게 그쳐지지 않았다.(「즐거운 나의 집」)

이처럼 설움이 많았던 시집살이가 즐거운 나의 집으로 둔갑하는 과정을 작가는 「내가 복이 많아요」에서 점묘파식 기법으로 서정적인 장면을 통해 보여준다.

유 작가에게는 잊을 수 없는 첫 시집살이를 했던 시댁인 "고옥古屋은 소나무의 후광을 입고 있었다." "서울 성곽이나, 북악스카이웨이를 지날 때면 거기서도 우리 집과 소나무"가 보일 정도니, "소나무는 나와 각별한 사이였다. 말 못 할 사연이 생길 때마다 몰래 나무를 찾곤 했다. 속내를 털어놓고 눈물을 찍어내며 위로를 청했던 적이 한두 번이 아니었다. 소나무와 나는 석가모니와 가섭처럼 서로 마음을 주고받았다."(「소나무 부자」)

아버님을 처음 뵌 건 직장 상사인 김 과장이 제작팀 전원을 집으로 초대한 날이었다. 마당에서 경치를 둘러보고 있는데 불쑥 "유 천사가 누구요?" 묻는 소리가 들렸다. "돌아보니 거실 창문

안쪽에 한 어르신이 서 있었다. 훤한 이마에 부리부리한 눈매, 은발을 길게 늘어뜨린 모습이 마치 도인"같은 어른이었다. 곤혹스러운 표정으로 김 과장이 유 작가를 소개하자 "아들이 사무실에 천사가 있다고 하더라니…. 하며 엷은 미소를 머금었다. 모시 적삼이 인상적이었다. 아버님과 첫인사를 하고 일 년여 후 나는 그 집 며느리가 되었다."

"사업 실패 후 실의에 빠진 아버지를 위해 남편은 부암동에 집을 마련"했는데, 역시 창밖으로는 북한산이 펼쳐지면서 "비봉, 사모바위, 보현봉으로 이어지는 산등성이가 마치 사람의 모습처럼 보였다. 문득 돌아보니 아버님의 얼굴에도 산이 어려 있었다."

서른 해가 꿈결처럼 지난 "그해 겨울 아버님이 혼수상태에 빠졌다." "서둘러 119 구급대를 불렀다. 응급처치하고 집으로 돌아오신 아버님은 사흘 후 평안하게 숨을 거두었다."

내가 바라는 게 무엇 있으랴. 자식들의 환한 얼굴, 그거 하나면 되었다. "내가 복이 많지, 됐다!" 그날의 말씀이 귓가에 쟁쟁하다.(「내가 복이 많아요」)

삶이란 무엇일까라는 진부한 질문 앞에서 온갖 해답들이 난

무하지만 사랑의 소유욕이 가장 큰 번뇌의 하나임을 부인할 수는 없을 것이다. 그 사랑조차도 천태만상인지라 인생살이는 뭐라 단정할 수는 없지만 중국 출신의 저명한 법률철학자인 우징시웅(吳经熊, 1899~1986)은 부부의 인연에 대하여 자신은 15세 때 약혼, 17세 때 결혼했는데, 그건 순전히 부모의 분부에 따른 것이라고 했다. 주변에서는 어떻게 그럴 수 있느냐?고 항변하자 "그럼 당신들은 당신의 부모님이나 형제자매를 스스로 고르셨나요? 당신이 고르지 않고도 그들을 사랑하시지요?"라면서 "창세기의 아담이 이브만을 주시고 선택할 다른 여성이 없었다고 하느님을 섭섭하게 생각했었는가?"라고 되받아쳤다. (우징시웅, 『동서의 피안超越东西方』, 1951)

이와 같은 맥락에 선 인생관을 그린 게 「한여름 밤의 떼창」이다.

> 두루 알다시피 매미들이 목 놓아 우는 까닭은 오로지 하나, 짝짓기를 위해서이다. 밤낮의 경계를 넘어선 저들의 종족 보존의 본능이 처절하게 다가온다. 수컷 매미의 공명이 점점 드높아진다. 울음의 시작과 종착은 오로지 어디선가 지켜보고 있을 암매미를 향하고 있다. 어느 사내가 저리도 애타게 구애할 수 있으랴! 우리네 삶으로 빗

대어 본다면 시샘과 부러움을 불러올 수도 있겠다.(「한여름 밤의 떼창」)

"매미가 저렇듯 절절하게 울어대도 짝을 만날 확률은 5할을 넘지 못한다."는 자연의 섭리 앞에서 대체 그 사랑이 인간의 삶에서 어떤 작용을 일으키는가라는 질문에 대한 회답을 유병숙은 첫 수필집 『그분이라면 생각해볼게요』에서 생텍쥐페리의 『어린 왕자』 한 대목을 인용해준다.

"길들인다는 게 뭐야?"
어린 왕자가 물었다.
"관계를 맺는다는 뜻이야. (…) 아름다운 황금빛 머리카락을 지닌 네가 나를 길들인다면 밀밭은 내게 아주 근사한 광경으로 보일 거야. 밀밭이 황금물결을 이룰 때 네가 기억날 테니까. 그러면 나는 밀밭을 스쳐 지나는 바람소리마저도 사랑하게 될 거야."
"내가 어떻게 하면 되는데?" (…)
"인내심이 필요해. (…) 말은 수많은 오해의 원인이 되거든. 하지만 하루하루 시간이 지날 때마다 넌 내게 조금씩 다가오게 될 거야."(「장미에게 들인 시간」)

삶이란 만남의 인연으로 관계 맺기-차이와 다름을 넘어 길들이기에 다름 아니다. 유작가의 삶의 자세가 고스란히 묻어나는 멋진 대목이다.

## 3. 그래도 인생은 뜻대로 되지 않아

길들임의 방법이나 모양새를 결정짓는 건 순전히 '나' 자신이다. 그래서 직장 상사에게 '천사'로 보였고, 시아버지에게 '내가 복이 많다'고 느끼게 해준 유 작가의 관계 맺음을 형성한 건 순전히 유 작가 자신이다. 겸허한 작가는 자신의 인생행로에서 부모-부군과 시댁-신앙과 문학이라는 이정표 역할을 해 준 걸 「나의 내비게이션」에서 풀어준다.

"나는 말 잘 듣는 맏딸이었다."라는 선언은 맏딸 콤플렉스라고 불러도 좋을 정도다. 여기서 콤플렉스란 부정적인 의미보다는 긍정적인 색채가 훨씬 강한, 그냥 '의식'이나 '의지' 혹은 '의무감'에 방점을 찍는 쪽이다.

> 아버지의 바람대로 학교 공부에 전력을 다했다. 그러던 중 교내 미술부에 뽑혔다. 당시 대한민국미술대전에

서 대상을 받으신 선생님이 지도해 주었다. 대회에 출전해 상을 받아오기도 했다. 계속 미술부 활동을 이어가겠다고 하자, 당연히 반길 줄 알았던 아버지가 뜻밖에 반대하고 나섰다. 공부가 최고라고, 공부나 열심히 하라고 단호하게 말씀하셨다. 꿈을 펼치고 있는 친구들을 바라보며 부러움을 삼켜야 했다. 불쑥불쑥 그 시절이 떠오르면 가보지 못한 그 길이 못내 아쉬웠다. 나는 아버지가 원하는 학교에 진학했고 취직을 했다. 첫 출근 날 아버지는 내 얼굴을 한참 들여다보더니 어깨를 펴라며 등을 툭툭 쳐 주었다.(「나의 내비게이션」)

아버지가 등을 툭툭 쳐준 것만으로 행복할 수 있었던 유 작가의 성장 과정은 그 또래들이 겪었던 것과는 별반 다르지 않다. 제2수필집에 나타난 글들에 따르면 작가는 어린 시절 금호동 1가에 살면서 금호초등학교엘 다녔고, 거기서 "고무줄을 끊고 도망간 머슴아들을 잡으러 다녔던, 철봉에 매달리면 동전이 우수수 쏟아졌던, 구령대에 올라가 웅변" 했다. "정류장을 환하게 했던, 꿈의 궁전 금호극장"과 그 주변에 자리 잡았던 시장, 만화방, 어머니가 호빵을 사주었던 구멍가게, 대낮에도 빨간 불빛이 어른거리던 정육점, 하굣길에 학생들의 공복을 자극하던 즉석 튀김집, 너무 바투 잘라서 또래들의 입을 내밀게 했던 미장원 등등이 이 시절 유 작가의 추억이다. (「나 좀 내려주세요」)

> 연탄가스에 질식해 동치미를 마시고 깨어난 어느 겨울 끝자락, 어머니가 나를 데리고 아랫마을로 내려갔다. "저기 저 집을 판다는데, 글쎄 기름보일러를 땐단다. 우리 집보다 아주 비싸지만, 저런 곳으로 이사 갈 수 있으면 참 좋겠지?" 마루에는 유리문이 달려있었다. 그날 나는 돈 많이 벌어서 어머니께 꼭 그 집을 사드리겠다고 결심했다.(「나 좀 내려주세요」)

중학생 때는 누구나 겪는 흠모했던 교사에 대한 추억담을 「소나기」에 담아낸 작가는 고교 2학년 가을의 아픔을 유독 부각해 준다. 아버지가 근무 중 과로로 쓰러져 엄마가 병원으로 달려간 집에는 풀죽은 동생들이 "언니, 아부지 괜찮겠지?"라며 훌쩍이는 동생들을 재운 뒤 "빨래를 걷고, 물을 길어다 설거지하고, 옷을 개켜두었다." 깜빡 잠든 동안 달그락거리는 소리에 "부엌을 바라보니 삼십 촉 전구가 켜져 있었다. 이슬을 밟고 돌아온 엄마는 쉬지도 못하고 우렁각시처럼 도시락을 싸고 있었다." 평소 잘 웃지 않던 엄마는 함박웃음을 지으며, "내 어깨를 툭툭 쳐주었다."

> 엄마의 웃음은 내 인생의 나침반이었다. 삶이 가파른 언덕을 만날 때마다 나는 엄마를 찾았다. 괜찮아, 다 괜찮아질 거야. 걱정하지 마. 어깨를 툭툭 쳐주던 예의 웃음을 만나면 나도 모르게 마음이 놓였다.(「엄마의 웃음」)

아버지도, 엄마도 맏딸의 어깨를 툭툭 쳐주었는데, 엄마는 거기에다 웃음까지 덤으로 얹었다. 이것으로 유 작가의 성장기의 맏딸 콤플렉스는 형성되어 일생을 지배하는 내비게이션이 되었다.

이처럼 심청처럼, 안티고네처럼 맏딸 콤플렉스를 기꺼이 수용한 유 작가는 "결혼하자 시어머니는 길잡이를 자청"했고, 이에 순순히 따라 "어머니의 치마꼬리를 붙잡으려 날마다 종종댔다." 그렇게 3년이 지나고서야 시누이가 "고생한다며 티셔츠에 청바지, 빨간 구두를 선물했을 때 비로소 매운 시집살이"가 끝났다.(「나의 내비게이션」)

그런데 정작 내비게이션으로부터 벗어나자 진짜 내비게이션이 절실한 중년 이후의 인생살이가 다가섰고, 이 즈음 작가는 가보지 않은 새로운 갈래 길 앞에 서게 된다.

> 내비게이션을 켜는 것도, 켜지 않는 것도 정답은 아니었다. 내비게이션을 움직이는 것도, 멈추는 것도 바로 나였다. 궁극적인 답은 결국 나에게 있었다. 마음의 내비게이션이 환하게 켜졌다.(「나의 내비게이션」)

그 마음의 내비게이션이 가리키는 게 바로 영화「로마의 휴일」이었다. 천상병 시인이 빗댄 인생, 소풍 떠난 것처럼 존재를 둘러싼 모든 속박에서 해방된 진공상태의 존재로 부유하는 시간을 꿈꾸게 된다.(「인생이란 언제나 뜻대로 되지는 않는다」)

그러나 니체처럼 고상한 광인이 되거나, 얌전한 치매가 아닌 한 그런 삶이란 이 지상에서 허용되지 않는다.

여기서 작가는 신앙과 문학이라는 두 갈래 길에 섰다. 일찍부터 가졌던 가톨릭 신앙에 대해서는 작품「나를 버리지 마옵소서」와「나마스테」에서 몽테뉴의 "적당한 회의주의"적인 태도를 유지하면서도 신앙심의 근본은 흔들리지 않게 유지하는 모습을 보여준다. 전자는 프랑스의 루르드와 멕시코의 과달루페와 함께 세계 3대 성모 발현 성지로 꼽히는 포르투갈의 파티마 성당 기행으로, 충만한 정보와 간증들을 소개한 뒤 작가는 "순간 환청이 들려오는 듯했다."

"곁에 계신 성모님이 우리의 기도를 들어주시는데 무슨 걱정입니까?" 가슴 속에서 뜨거운 눈물이 솟구쳤다. 촛불을 들고 하염없이 걷고 또 걸었다. 바람에 촛불이 꺼지면 누군가 다가와 불을 붙여주었다. 신자이든 아니든 숙연한 표정으로 하나가 되어 움직였다. 성스러운 분위기에 밤이 깊어지는 줄도 몰랐다. 십자가와 성모상이 소성당으로 사라지고 미사가 막을 내렸다. 하지만 한동안 촛불의 여운은 눈앞을 어른거렸다. 누구도 쉽사리 광장을 떠나지 못했다.(「나를 버리지 마옵소서」)

유 작가는 가톨릭 신앙 집안에서 성장해 "한 집에서 두 신을 모시면 집안이 망한다는 말"을 입에 달았던 불교 신자 시어머니를 만났다. 신심이 두터운 편이 아닌 데도 가시방석에 앉은 듯 편치 않았던 작가는 "첫영성체 때부터 인도해 준 이사응 안토니오 신부님"을 찾아 그 해답을 구하자 "부모님께 순종하는 것도 하나님의 뜻"이라 한다. 성모님 성상 앞에 촛불을 켜고 무릎을 꿇고 "내가 당신을 잠시 떠나도, 당신은 나를 버리지 마옵소서."라고 고했다. 이래서 작가는 에베레스트 트레킹 중에서 만난 불교에서 유래한 여러 유파의 신앙 관련 부조물이나 이슬람 교도들의 예배 등을 보면서도 전혀 적대감이나 심리적인 갈등을 일으키지 않을 뿐만 아니라 도리어 왜 신앙 때문에 세상이 서로 다투는가 반문한다. 이런 세상사들, "대자연 아래 펼쳐지는 예배를 바라보다 보니 종교의 이름으로 자행되고 있는 욕망들이 한낱 햇볕에 부서지는 먼지처럼 느껴졌다."(「나마스테」)는 것이 유병숙 작가의 신앙관이다.

이런 신앙관과는 달리 문학에 대한 열정은 치열하다.

초등학생 때부터 문학적 재능을 보였던 유 작가가 큰딸 콤플렉스로 인생 내비게이션만 따르다가 존재로부터의 일탈을 통해 결국 그 내비게이션을 작동시키는 것도 '나 자신'임을 깨닫는 데서 유병숙 작가는 수필창작으로 시선을 돌렸는데, 그게 2003년이다. 바로 내가 유 작가와의 인연의 관계 맺음을 시작한 것으로 장소는 현대문화센터 미아점이었다. 당시의 정황을 작가는 「글의 힘」에서 너무나 자상하고 실감나게 풀어놓는다. 어쩌다가 첫 수업에 30분이나 늦어버려 들어갈까 말까 망설이고 있는데 한 여인이 "왜 여태 들어가지 않고 있어요? 나랑 같이 들어가요. 하며 팔을 잡았다." 개강 때부터 뜨겁게 참여해서 뭇 사람들로부터 부러움의 대상이었던 작가 임매자였다.

"스물 즈음에 아버지와 동생 넷을 수해"로 잃은 "고통을 잘게 쪼개어 글로 내놓기 시작"한 그녀는 "글을 쓰고 나면 두꺼운 상처가 부스러기가 되어 떨어져 나가는 것 같다고 했다. 요컨대 선배에게 글쓰기는 자기 치유의 길이었다." 이런 그녀에게 늘그막에 또 시련이 닥쳤다. "독일인과 결혼한 딸로부터 연락이 끊어진 지 3년이 넘었다며 속앓이"였다. 더 참담한 건 "딸은 벌써 3년 전 교통사고로 유명"을 달리했고, 이를 온 가족이 다 알고서도 심한 심장병으로 고투를 하던 임 작가에게만 비밀로 해 왔다는 거였다. 결국 이 사실을 알게 된 임 작가는 홀연히 몇 주 동안 강의실에 안 나타나자 그녀의 부군을 통하여 그 진상을 알게 된 유 작가가 메일을 보냈다.

> 선배님의 가족들이 삼 년여 동안이나 사실을 감추었다는 말에 가슴이 먹먹하고 내 일처럼 앞이 캄캄했습니다.(…) 따님은 떠났지만, 영혼은 사랑하는 어머니 곁에 머물고 있으리라 믿습니다. 선배님을 위해 기도 올리겠습니다….

이 메일로 임 작가가 마음을 추슬러 재기하자, 덩달아 유 작가도 "내 글이 위로가 되었다니! 전율이 일었다. 내가 더 고마웠다. 그때까지 나의 시선은 늘 나를 향해 있었다. 마음속에 들끓는 이야기들을 끄집어내려 하면 보이지 않는 벽에 부딪히곤 했다."라면서 문학의 치유력에 대해 확신하게 되었다.

대체 문학이란 무엇인가. "안 읽고 안 써도 문학은 우리 안에 이미 존재한다. 마치 정치 모르고 관심 없어도 우리를 지배하듯이, 경제 몰라도 생활 영위하듯이, 종교 몰라도 죽듯이, 철학 몰라도 고뇌 있듯이."(작가 이병주)처럼 문학은 해박하고 미려한 수식어의 나열이 아니다. 그래서 불교에서는 기어綺語를 기피했고, 공자는 교언영색巧言令色은 덕과 멀리 떨어져 있다고 했다. 그래서 한국전쟁 중 시인 구상이 갓 일본엘 다녀온 화가 이중섭에게 "일본 갔을 때 동해도선(東海道線, 일본의 중앙선 철도) 탔겠지? 그 울창한 숲, 생각만 해도 부럽네."라고 하자 이 진솔한 화백은 "그렇지 않아. 너무 빽빽한 게 숨이 막혔어. 우리 산이 좋아. 목욕탕에서 벌거벗고 만난 사람들처럼 말이야. 머리에 군데군데 버짐 먹은 머슴애들처럼 친근스럽고."라고 했다. 바로 문학예술의 진면목이다. 인간의 본성, 곧 "신과 악마가 싸우고 있다. 그 전장이 인간의 마음이다."(도스토옙스키)라는 그 전장터를 관찰하는 혜안을 기르는 게 문학에 다름아니다.

이런 문학적인 수련의 체험 속에서 유 작가는 언어와 대화의 중요성을 터득한 작품이 「美쳤다고?」와 「말 한마디」인데, 독자들에게 일독을 권하며 여기서는 내용 소개를 생략한다.

## 4. 그냥 살기만 하면 No problem인 인생 후반기

 이제 유 작가의 후반기 인생에서 맞은 또 하나의 새로운 인생 찾기의 주역인 부군에 대해 이야기할 때가 되었다. 88 서울 올림픽을 빛냈던 호돌이의 유명 디자이너로 세칭 '호돌이 아빠'로 통하는 김현 화백은 우리의 보금자리인 『한국산문』의 제호를 제자해 준 인연 깊은 관계다. 김 화백과 유 작가가 부부의 연을 맺는 절차는 다분히 종합 예술적이다. 사내 연애라 시선을 피해 첩보전처럼 전개했는데, 그 절정은 「노랑 우산」에 잘 그려져 있다. 통금이 있던 시절, 퇴근 후 데이트 시간은 늘 빠듯해서 회사에서 가까운 덕수궁을 즐겨 찾았다. 화백은 직장 상사답게 나이 차이가 적잖은 유 작가에게 "당신을 스카웃하고 싶어. 짧으면 30년, 길면 50년"이라고 했다. 그 난수표 같은 밀어로 맺어진 둘의 달콤한 인연이건만, "시간이 물처럼 흘러갔다. 핑크빛 구름 위로 붕 뜨게 했던 말에도 세월의 먼지가 내려앉았다."
 그런데 의사가 "오늘부터 암 환자로 등록되니, 수속을 밟아…."라는 송곳 말 한마디 이후 "1기로 예상했던 의사의 진단이 정밀 검사 후 3기로 바뀌었다. 남편은 임상시험 대상자에 선정되었다."(「두 번째 프러포즈」)
 남편의 확진 후 유 작가는 온갖 심리적인 갈등을 겪었겠지만

"말의 화학 작용"인 문학을 신뢰했다. 바로 유 작가가 절망에 빠진 선배 임매자 작가를 언어의 마술사로 치유했듯이 이제 유 작가 자신이 많은 동료 문학인들, 특히 한국산문문학회 문우들과 어머니의 주문으로 극복해 냈다. (「작가의 말」)

이후 수술, 진찰, 회복 등등의 세세한 절차를 작가는 병상 일기처럼 또박또박 다 썼다. 수술을 앞두고 초조했던 심경을 그린 「박수」, 항암제 투여로 체력의 한계를 드러난 부군의 심경을 그린 「당신 목소리, 참 듣기 좋아!」, 약물 부작용으로 유체이탈을 겪은 「진짜 나? 진짜 너?」, 삼라만상에서 행운의 징조를 찾으려는 심경을 담은 「녹보수에 꽃이 피면」, 「소중한 No」 등등의 과정을 거친 뒤, 드디어 「남편은 요리 중」, 「우렁 낭군」, 「도미머리찜」, 「도다리쑥국」 등에 이르러 건강을 되찾은 김 화백의 모습이 상기된다. 여기서 한발 더 나아가 「봉우리마다 희망!」, 「그네타기」, 「햇살의 줄탁」에서는 약간 아슬아슬 하지만 일상을 회복한 모습이 여유롭기조차 하다.

그렇게 부군에게 급경사로 집중됐던 유 작가는 자신의 "허리통증이 전에 없이 지속되어 병원"엘 갔는데, 엑스레이 검사 후 심하게 휘어버린 허리를 보면서 의사는 "연식이 좀 돼서 그래요."라며 넌지시 그대로 지내라는 투로 말했다. 치료방법을 묻자 "에이, 소용없어요, 그냥 사세요!"라고 솔직히 일러 주었다.(「그냥 살아요」). 위내시경 결과를 들여다보던 의사 역시 연류에 따라 위에 주름이 잡혔다면서도 심드렁하게 2년 후에 보잔다.

이쯤 되면 건강의 평준화가 이뤄졌음을 의미한다. 이를 연기시키려듯이 작가는 오랜만에 배드민턴 경기장에 나가 스매싱을 휘두르자 파트너가 "살아있네!"라고 반응했다. 순간 온몸에 전율이 흐른 작가는 "그래, 나는 살아있다! 피부는 고사하고 내장에까지 주름이 졌다 한들 무슨 대수일까? 이제부터 다시 시작이다!"(「다시 시작이다」)라고 하지만 인생길은 다 고비가 있다.

그래서 유 작가도 절친인 친구가 어떤 일을 당하든 태연스럽게 입버릇처럼 되뇌이는 "No problem"이란 금언을 소중히 새기며(「No, problem」), 소중한 가재도구를 비롯하여 온갖 소유물과 심지어는 마음까지도 비워내며 "자신의 삶에 어떤 못난 의미"도 소유하지 않겠다고 마음먹자 "텅 빈 마음에 맑은 샘물"이 고임을 느끼게 된다.(「비움」).

이만하면 유병숙 작가의 개요는 대충 얽어냈고, 남은 작품들은 제3세대의 자녀들에 대한 몇몇 작품과 광택이 유난한 기행문이 있는데, 이 두 주제와 소재들은 서로가 교직되어 있는 데다 필시 이 작가가 제3의 수필집에서 본격적으로 다룰 것으로 기대되기에 여기서는 언급을 보류해 둔다.

제2수필집으로 김현 화백과 유 작가의 풍요로운 인생 후반기가 펼쳐지기를 빈다.

유병숙 수필집
## 두 번째 프러포즈

초판1쇄 발행 2025년 8월 8일

지은이 | 유병숙
펴낸이 | 임길순
펴낸곳 | 한국산문

편  집 | 김미원 임명옥
디자인 | 정보라

등  록 | 제2013-000054호
주  소 | (우 03131) 서울특별시 종로구 율곡로6길 36, 207호, 208호
전  화 | 02-707-3071   팩스 | 02-707-3072
이메일 | koreaessay@hanmail.net

ISBN 979-11-94015-14-7 (03810)
ⓒ 유병숙, 2025

값 17,000원
이 책의 판권은 지은이와 한국산문에 있습니다.
이 책 내용의 전부 또는 일부를 재사용하려면 반드시 양측의 서면 동의를 받아야 합니다.